Vivendo com Alegria

Chaves para a conquista do poder pessoal e da transformação espiritual

Sanaya Roman

Vivendo com Alegria

Chaves para a conquista do poder pessoal e da transformação espiritual

Tradução
HARRY MEREDIG

EDITORA PENSAMENTO
São Paulo

Título do original:
Living with Joy
Keys to Personal Power & Spiritual Transformation

Publicado originalmente nos Estados Unidos por H. J. Kramer, Inc.

Para receber uma assinatura gratuita do boletim informativo de Orin e DaBen (em inglês) contendo informações sobre as atuais mudanças da Terra, artigos de interesse geral, programas gravados e muito mais, escreva em inglês para:

LuminEssence Productions, P.O. Box 19117, Oakland, CA 94619, U.S.A.
Tel.: (510) 482-4560, Fax (510) 530-9620.

Edição	Ano
1-2-3-4-5-6-7-8-9	-95-96-97-98-99

Impresso em nossas oficinas gráficas.

AGRADECIMENTOS

A Duane Parker, Doutor em Filosofia, pelas suas curas, estímulo e amor; por encorajar-me a ser tudo o que posso ser e por ficar ao meu lado com a sua sábia orientação, e também pela sua ajuda e apoio em todos os aspectos do livro; a LaUna Huffines pelo seu amor, apoio e encorajamento, e pelas suas maravilhosas idéias quanto às Folhas de Exercícios e à Introdução; e a Ed e Amerinda Alpern por abrirem seu lar e seus corações a Orin.

Minha gratidão a Rob pela sua fé em mim e seu constante encorajamento. Quero também agradecer a meus irmãos e irmãs, David, Robert, Debra e Patrícia; e minhas sobrinhas e sobrinhos, John, Elise, Mary, Tabatha, Justin e Heather. Desejo agradecer à minha mãe e ao meu pai, Shirley e Court Smith, por me encorajarem e apoiarem na obra da minha vida.

Quero agradecer à minha editora, Elaine Ratner, com quem senti prazer em trabalhar e cujas excelentes idéias me ajudaram o tempo todo; a Lois Landau, pela datilografia e ajuda no escritório; a Denise Laws, pela paciente transcrição das canalizações de Orin.

Quero agradecer a Hal e Linda Kramer pelo seu apoio e entusiasmo, e por tornarem este livro uma realidade.

Quero agradecer àqueles que estiveram presentes durante muitas destas canalizações e que ajudaram a manter uma visão da obra de Orin: Rob e Stacey Friedman, Nancy e Sara McJunkin, Wendy Grace, Richard Ryal, Scott Catamas, Karen La Puma, Linda Johnston, médica, Jeff Abbott, Cheryl Williams, Lisa Shara, Lisa Perry, Phyllis Rooney, Adella Pickering-Austin, Paulette St. Martin, Mary Beth Braun, Sandy

Chapin, Sallie Deutscher, Sandy Hobson, Leah Warren, Colleen Hicks, Lisa Benson, Linda Nielsen, Mary Pat Mahan, Trudie London, Rosemary Crane, Loretta Ferrier e Jessica Beckman.

Quero agradecer às pessoas de Dallas que apoiaram tão maravilhosamente o trabalho de Orin: Jean St. Martin, Laurie Schmidt, George e Sandra Pabich, Mark e Patty Dietz, Joan Wall, Philip Huffines, Donald Huffines, Mary Jo Thornton, Deborah DeBerry, M. E. Grundman, Elizabeth Prince e Elaine Vopni.

Quero também agradecer a Evelyn Taylor, Cindy Flaherty e Sebsebie Alemayehu, Shirley Runco e Diana Peart, por me encorajarem logo no início. Sou grata a Evelyn por todo o entusiasmo que irradiou com sua presença, assistindo, gravando e datilografando as canalizações de Orin.

Um agradecimento muito especial às livrarias que mantêm livros da Nova Era, por ajudarem a despertar as pessoas para o seu potencial mais elevado através desse maravilhoso serviço e pelo seu apoio ao trabalho de Orin.

SUMÁRIO

AOS NOSSOS LEITORES

Os livros que publicamos são a nossa contribuição para um mundo que está emergindo, baseado antes na cooperação do que na competição, antes na afirmação do espírito humano do que na descrença em si próprio; e na certeza de que toda a humanidade está interligada. Nosso objetivo é alcançar o maior número de vidas possível com uma mensagem de esperança em um mundo melhor.

Hal e Linda Kramer, Editores

INTRODUÇÃO

Muitos grandes artistas, escritores, homens de negócios, atletas e músicos têm declarado que suas maiores obras, invenções e inspirações pareceram ser-lhes "concedidas" de uma fonte além de sua realidade normal. Os cientistas freqüentemente obtêm seus vislumbres e concepções não enquanto estão sentados a uma mesa estudando equações, mas quando se encontram num estado de relaxamento – talvez debaixo de um chuveiro, passeando pela praia, devaneando, etc.

Este livro, *Vivendo com Alegria*, foi "concedido" a mim por uma fonte de sabedoria, à qual chamo de Orin, enquanto num estado de paz e de consciência expandida. Recebi estas informações numa série de sessões de meditação, por um período de alguns meses. Meu estado de paz era igual ao que todos conhecemos naqueles momentos de ligação com o nosso ser mais elevado, observando um lindo pôr-do-sol, talvez durante uma prece, ou ao segurarmos uma criança pequena em nossos braços. Todos nós tivemos momentos em nossas vidas, especialmente em crises, em que subitamente nos tornamos conscientes de respostas ou soluções que antes eram invisíveis para nós. Todos nós temos passado por situações em que agimos além do nosso nível normal de sabedoria, de força ou de coragem. Algumas pessoas atribuem esses momentos de consciência expandida ao seu ser mais elevado, enquanto outras os atribuem à orientação espiritual.

Esses momentos de inspiração têm sido chamados por alguns de canalização, enquanto outros os chamam de dom da profecia, e outros, ainda, de ligação com a mente universal. Eu dou o nome de Orin à minha fonte de orientação espiritual. Sinto-o como um mestre e professor amável, sábio, gentil, sempre positivo e compassivo.

Orin e eu encorajamo-lo a ler este livro, pela sabedoria que contém, e não devido a quaisquer reivindicações em relação à sua fonte. Encontre nele aquilo que ressoa com a verdade em seu interior. Esforcei-me em ser tão transparente quanto possível, a fim de permitir que essa sabedoria fluísse através de mim sem contagiar-se com minhas crenças e sem colorir as informações com meus pensamentos.

Este livro pode auxiliá-lo a libertar seu coração e a expandir-se naquele potencial maior que é seu direito nato. É um livro para as pessoas que valorizam novas idéias de acordo com a luz que essas idéias acrescentam à sua vida. Para aqueles dentre vocês que desejarem ler mais a respeito de Orin e de como eu comecei a canalizar, leiam "A Primeira Aparição de Orin" e "Saudações de Orin", que se seguem nas páginas 17 a 32. Caso deseje lançar-se diretamente no texto, comece com "Você Pode Viver Alegremente", na página 33.

Com este livro, convido-o a elevar seu espírito e a juntar-se a mim na escolha da alegria, a livrar-se de conflitos na sua vida e a abrir-se ao seu potencial para o poder pessoal e a transformação espiritual.

Sanaya Roman

I

A primeira aparição de Orin

As pessoas me perguntam se eu sempre soube que era médium, e reconheço que tive experiências psíquicas desde a minha juventude e o início da década de 20. No começo, eu não sabia como usar e dirigir minhas percepções intuitivas ou os estados de consciência mais elevada que estava vivenciando. Algumas experiências pareceram até mesmo assustadoras, como na ocasião em que dirigi por 190 quilômetros, de Portland até Eugene, num estado alterado de consciência. Eu tinha dezoito anos na época e estava a caminho da Universidade de Oregon para iniciar meu curso superior. Eu percebia, através do sexto sentido, os pensamentos e os sentimentos das pessoas em cada carro que eu ultrapassava, durante a viagem inteira. Mais surpreendente ainda foi o fato de o tanque de gasolina (que deveria estar quase vazio) ainda estar totalmente cheio quando cheguei a Eugene.

Meu primeiro contato com realidades alteradas foi através da ficção científica, gênero que eu lia avidamente como estudante do curso superior em Oregon. Lembro-me de ter lido cada livro que conseguia encontrar a respeito de tempo, espaço e realidades prováveis, especialmente aqueles que exploravam meios mais elevados de vida em conjunto em forma de sociedade, como o livro *2150*, de Thea Alexander. Eu costumava sonhar que tinha uma máquina especial, uma máquina de tempo e espaço, na qual eu podia visitar outros planetas e formas de vida, adiantar-me e atrasar-me no tempo e descobrir prováveis realidades nas quais a humanidade havia explorado opções diferentes para si mesma. Mas na maioria das vezes eu queria explorar o reino interior da psique, e fazer minhas viagens e aventurar-me, não a outros países, mas a outras realidades. Uma das maiores alegrias de canalizar um guia foi a descoberta de que possuo a máquina sobre a qual eu fantasiava – que é a minha mente e a ligação com uma fonte de luz superior (Orin), que tornam possíveis essas jornadas.

Posso recordar vividamente minha primeira experiência real de canalização quando eu tinha dezessete anos de idade. Eu havia tocado piano por várias horas, sentindo-me bastante calma, e fui deitar-me perto da janela, de frente para a baía, a fim de observar as estrelas. Subitamente, parecia que alguém falava na minha cabeça. Uma "voz" começou a me mostrar a terra, explicando que ela passaria por modificações e mudanças no futuro, e que não havia nada a temer. Embora estivesse vivendo no Oregon na ocasião, a voz me disse que dentro de um ano eu me mudaria com minha família para a Califórnia, onde ficaria morando, mas minha família voltaria para Oregon. Eu havia passado a infância mudando freqüentemente, vivendo em Kansas, Michigan, Califórnia, Missouri e Oregon, e por isso não queria mudar e não gostei da mensagem. Não gravei as outras coisas que me foram ditas, embora a mensagem tenha durado bastante tempo. Confirmando a mensagem, seis meses depois meu pai começou inesperadamente um negócio em São Francisco e mudou a família para lá. Nessa época, eu estava entrando para a faculdade em Oregon e estava certa de que não iria para a Califórnia com a família. Entretanto, um ano depois, a Universidade de Oregon decidiu aumentar o custo do ensino por eu ser de outro Estado; transferi-me, então, para a Universidade da Califórnia, em Berkeley, e mudei-me para a área da baía de São Francisco. Meus pais se mudariam novamente para Portland oito anos depois.

Aproximadamente na época em que eu tinha vinte e seis anos de idade, fiz uma boa amizade com uma mulher chamada Evelyn Taylor. Um dia ela me visitou trazendo uma tábua Ouija e disse que poderíamos estabelecer contato com um guia. (Quando criança, com oito ou nove anos, eu havia recebido muitas mensagens na tábua Ouija, movimentando-a com minha tia-avó, no Kansas. Posso lembrar-me de que, naquela época, eu sentia que estava "trapaceando", pois as mensagens muitas vezes chegavam à minha mente antes de chegarem aos meus dedos.) Cindy Flaherty, outra amiga, estava lendo o primeiro livro de Seth, *A Vinda de Seth*; estava lendo também *Seth Fala*, e passamos muitas horas excitantes discutindo esses livros.

Começamos a receber mensagens de imediato. Passei muitas noites na tábua Ouija com Cindy e Eve, encontrando-nos três ou mais noites por semana; muitas vezes alguns amigos se juntavam a nós. Desde o início ficou claro que as mensagens vinham por meu intermédio e, assim, Cindy e Eve se alternavam, uma trabalhando comigo enquanto a outra anotava, letra por letra, todas as mensagens. Acumulamos mais de 200 páginas de anotações nesse primeiro ano.

Solicitamos que um guia e professor mais elevado viesse a nós e, pouco depois, em 9 de outubro de 1977, Orin apareceu.

"Quem está aí?", perguntamos, quando ficou evidente que uma outra entidade estava na tábua Ouija.

Orin.

"Qual é o seu grau?"

Sou Vida do Mestre, acima de tudo, até agora. Seu progresso é suficiente para receber-me agora. Suas mensagens serão liberadas com clareza. É tempo de começar com seu progresso e aprendizado. Começarei expondo atribuições. A meditação diária é essencial, ao acordar e ao deitar-se.

Depois de alguns meses, senti um forte impulso interior de transmitir verbalmente as mensagens que recebia na tábua Ouija, mas eu não sabia como começar. Pressenti reinos inteiros de idéias por detrás de cada palavra meticulosamente pronunciada, mas eu não me sentia suficientemente confiante para falar, e tinha medo de não poder fazê-lo.

Os acontecimentos, entretanto, logo conspiraram para que eu me decidisse. Eu estava voltando para casa no meu Volkswagen quando um carro subitamente passou para o acostamento, na minha frente, e tive que pisar fortemente no freio. As rodas travaram e o carro ficou descontrolado numa rodovia de quatro pistas. Avançou até o *guardrail*, junto a um precipício. Algo aconteceu nesse momento, um sentimento acima de qualquer descrição. Era como se eu me expandisse no tempo e no espaço, capaz de ver o futuro e vendo-me viver. Tive uma percepção instantânea de todos os outros motoristas na estrada e senti-os como uma unidade coesa, cada um estando consciente e ajudando-me num nível real e energético. De repente, o carro começou a capotar e tive uma visão rápida de mim mesma como se estivesse existindo em outras dimensões — como uma porta se abrindo para outras realidades. O carro finalmente parou sobre as quatro rodas. A não ser por uma desagradável contusão, eu estava bem. Ao olhar para a rodovia, vi que todos os carros haviam parado, o que concordava com a minha visão de que todos estavam trabalhando em conjunto. Senti-me diferente o dia todo, e naquela noite eu sabia, quando nos reunimos para a sessão da tábua Ouija, que eu começaria a canalizar.

Todos ficaram sentados cheios de expectativa quando comecei. Pusemos de lado a tábua e, de olhos fechados, sentei-me numa cadeira. No início, a mensagem que recebi era como se estivesse ouvindo um toca-fitas em alta velocidade – as idéias zuniam pela minha consciência antes de eu poder pronunciá-las. Pedi que as palavras chegassem lentamente e, então, passaram a vir tão devagar que minha mente se distraía e eu perdia a conexão. Entretanto, consegui captar mensagens coerentes e significativas, e a noite foi um excitante sucesso. Falei com a minha própria voz, pois eu não queria parecer estranha ou diferente aos meus amigos. Eu suprimia os gestos e a voz que eu sabia fazerem parte daquele ser, Dan, que estava falando por meu intermédio. Orin explicou depois que Dan o representaria até que eu pudesse lidar com a poderosa vibração e impulsos de pensamentos de Orin.

A canalização exigia uma tremenda concentração. Era como encontrar uma estação de TV, um canal que você só pudesse sintonizar enquanto mantivesse seu pensamento no mesmo, de modo constante e resoluto. Depois de algum tempo, eu era capaz de sentir os meus pensamentos paralelamente aos de Dan. Eu lhe fazia perguntas mentalmente, enquanto ele explicava alguma coisa a alguém, e podia sentir sua resposta mesmo durante a canalização de uma mensagem dele para outra pessoa.

Os três anos seguintes, passamo-los fazendo muitas e muitas leituras. Em retrospecto, reconheço que foi uma época de praticar sem descanso. Todas as mensagens eram extremamente amáveis e provinham de Dan. Orin só podia aparecer na tábua Ouija, como se tornou evidente quando tentei fazer que viesse por meu intermédio e quase morri. No início, senti como se eu estivesse me expandindo da cabeça aos pés, tornando-me semelhante a uma esponja, maior que o recinto, mas ainda encerrada num campo de energia. Tive uma sensação esmagadora no meu peito e um sentimento de poder e amor. Minha percepção da luz e da cor mudou. Fiquei tão dominada por esses sentimentos que parei de tentar trazer Orin através da minha voz. Sua mensagem para nós, naquela ocasião, na tábua Ouija, foi:

Concedo a luz, o amor e o respeito aos que vêm, bem como a informação. Sou realmente pleno de energia, e sou o supervisor e guia de Dan. Ele recebe de mim, assim como vocês recebem dele. Tenho muita energia numa freqüência diferente da de Dan, e muito poder no meu ser. Envio minha energia a vocês através do ser de Dan, que faz minha energia descer a um nível compatível com o de vocês. O corpo de vocês é como um fio elétrico que tolera apenas 20 watts – e eu sou mais parecido com 50 watts!

No verão de 1981, tive o impulso de comprar um gravador de fitas muito bom. Depois de comprá-lo, voltei rapidamente para casa a fim de ligá-lo e experimentá-lo. Lembro-me de estar sentada numa cadeira, com os microfones prontos e o gravador carregado com uma fita virgem. A próxima coisa que percebi foi que estava saindo de um estado de transe profundo, quase semelhante ao de um sonho, e descobri que gravara uma fita. Toquei-a, cheia de excitação, e reconheci que havia simplesmente canalizado Orin pela primeira vez com a minha voz. Foi uma meditação dirigida, que relaxou meu corpo e falou diretamente ao meu subconsciente para que abrisse o meu canal a Orin. Ouvi essa fita todos os dias. Orin sugeriu que eu praticasse a canalização em velocidade menor, até encontrar o ritmo certo. Instruiu-me quanto à respiração e sugeriu que me dedicasse a exercícios aeróbicos e que saísse ao ar livre mais vezes. Eu podia recebê-lo sem todas as mudanças que me encorajava a fazer no meu corpo, mas ele estava preocupado com a fato de que sua vibração e freqüência mais elevadas pudessem esgotar o meu corpo prematuramente.

Comecei a conhecer Orin enquanto canalizava as fitas. Eu era capaz de manter sua energia por 20 ou 30 minutos, a duração das meditações. Solicitei a Orin que fizesse uma fita para mim de cada tópico sobre o qual eu pudesse pensar. Quando eu queria me sentir mais poderosa, adquirir clareza, alcançar certas metas, livrar-me da dor ou do medo, ou sentir paz interior, pedia uma fita. Orin disse-me que uma das maneiras mais rápidas e eficazes de mudar qualquer coisa era trabalhando diretamente com o subconsciente, colocando nele novas idéias e liberando as antigas. As fitas proporcionariam pensamentos novos e mais elevados ao meu subconsciente, que criaria automaticamente as mudanças que eu estava pedindo. Canalizei muitas fitas, e meus amigos começaram a pedir cópias, pois também queriam sentir as mudanças positivas que estavam acontecendo comigo.

Uma vez que eu era capaz de canalizar Orin verbalmente, Dan aos poucos nos deixou, até que um dia se despediu de todos, dizendo que, uma vez que eu me sintonizara com Orin, era difícil para ele se manifestar, e que seu objetivo havia sido alcançado. Desde então, Orin era o meu guia, dando preleções, ensinando pessoas e assistindo-me no meu desenvolvimento espiritual.

Vivenciei Orin como um ser muito sábio e amável. Ocasionalmente, ele falaria diretamente a mim, quer pela minha voz ou na minha mente, ajudando-me de muitas maneiras. Ele tinha um modo de considerar o mundo definitivamente diferente do meu. Não existia coerção de sua parte; eu não precisava ver o mundo do seu modo. Mas as coisas funcionavam melhor e eu me sentia melhor quando usava a sua perspectiva, mais sábia, mais compassiva, e muito mais amável. Comecei a observar as pessoas e os acontecimentos, perguntando-me como Orin os interpretaria. A vida começou a ficar melhor, e eu me sentia mais calma e mais alegre com mais freqüência. Orin estava dirigindo a minha consciência para um nível mais elevado, onde podia funcionar com maior eficiência, tanto no meu mundo interior como no exterior, alinhando-os com o propósito, a direção e um sentimento de bem-estar.

Em abril de 1983, Orin começou a falar-me sobre um livro que desejava criar:

Estou desenvolvendo uma filosofia e ajudando a plantar uma nova forma de pensamento de massa na terra, forma que ajudará as pessoas a encontrar sua energia, a alcançar seus corações e a criar mais alegria e paz em suas vidas. Eu quero ajudar a todos que estão prontos a perceber o seu dom mais elevado e a viver com um propósito superior. Estaremos ajudando as pessoas a compreender sua mente e suas emoções, e a evoluir para uma consciência superior. Quero ajudar as pessoas a descobrir que poderão criar paz e alegria e que poderão acreditar em si mesmas como seres amáveis.

As preleções de Orin sempre refletiram essa filosofia. Quando alguém lhe pede um conselho, ele é sempre amável e proporciona às pessoas uma visão nova e mais expansiva de suas vidas e propósitos. Ele mostrou crenças que estavam em conflito, causando dor ou frustração, e proporcionou exercícios práticos e estimulantes para dar origem a novas crenças. Ele sempre encoraja as pessoas a usar sua própria discriminação, a usar a informação apropriada, abandonando qualquer coisa que não se adapte à sua experiência. Ele nunca diz às pessoas o que devem fazer mas, se elas perguntarem, mostra-lhes suas opções. Ajuda-as a descobrir o que é importante na vida, para que suas decisões sejam reflexos de suas almas e não de suas personalidades.

Orin conhece toda alma que o alcança, através de suas palavras, faladas ou escritas. Sua luz está sempre disponível para os que fizeram contato com ele, para os que mantêm em suas mentes o pensamento de luz e de amor que é Orin. Em suas palavras, há um reconhecimento de quem você é – um ser de luz e perfeição experimentando o mundo da terra, evoluindo, crescendo e aprendendo a expressar a luz de sua alma no mundo da forma e da matéria.

Orin deixou claro, desde o início, que está aqui para ajudar a curar os curadores e a ensinar os instrutores. Ele está atraindo para si os que querem estar envolvidos na linha de frente de um novo movimento, que revelerá a mais pessoas o seu Eu Superior.

Este livro é, portanto, um presente de Orin.

II

Saudações de Orin

Saudações de Orin a você que está aqui para aprender sobre os níveis mais elevados de consciência. Uma vez tendo dominado esses níveis, a vida diária se torna mais simples e o desafio passa a ser o de atingir níveis ainda mais elevados e de permanecer neles. Vocês utilizarão esse tempo como visitantes que, posteriormente, se tornarão residentes nesses reinos de conhecimento. Estou levando vocês todos para lá, para que transmitam a informação, pois vocês, que agora são aprendizes, serão instrutores mais tarde, possuindo seus próprios alunos a seu tempo. Quanto mais sábios e compassivos se tornarem, mais os outros procurarão naturalmente o seu conselho e opinião. Falo-lhes para ajudá-los a alcançar um novo e mais amplo estado de consciência e de ser que os tornará capazes de estarem entre os líderes da nova era. Pois haverá sempre aqueles que se adiantam, os escoteiros e pioneiros – aqueles que ousam ir na frente.

O desafio que ofereço a todos vocês é o de serem os primeiros nesses novos níveis de consciência e de conhecimento. Pois essa sabedoria, uma vez lida e assimilada, parecer-lhes-á como se a tivessem conhecido há muito tempo. Você verificará que tudo o que aprender estará transmitindo a outros, além de utilizá-lo para a sua própria compreensão e orientação. Estou falando a todos os que estão aqui no plano da terra como instrutores e curadores; a todos os que desejarem ser os primeiros a sair da massa comum de pensamento; a todos os que estão prontos a seguir além dessa realidade conhecida e a entrar em outros reinos de luz e de amor.

Eu o ajudarei a alcançar sua alma e o conhecimento maior que ela possui, e o ajudarei a descobrir a alegria que o aguarda ao olhar pelas janelas da sua alma. A alegria é uma atitude; é a presença do amor – a si mesmo e aos outros. Origina-se de um sentimento de paz interior, da capacidade de dar e de receber e da valorização de si mesmo e dos outros. É um estado de gratidão e compaixão, um sentimento de ligação com o seu ser superior.

Neste livro, você aprenderá a criar um meio ambiente protetor e de apoio no qual seu espírito possa desabrochar. Procurarei ajudá-lo a reconhecer o seu caminho e o seu objetivo mais elevado, e a mostrar-lhe como se abrir para eles. Este livro é dedicado a ajudar você a ver quem realmente você é, e a mostrar-lhe como entrar no caminho da alegria e da luz. As ferramentas que ele contém podem habilitá-lo a viver uma vida tranqüila, mas sorrio amorosamente ao dizer tranqüila. Pois essas situações que você considera difíceis no momento, logo estará lidando com elas graciosamente, mas os novos desafios que virão serão magníficos. Este é um curso para explorar o seu ser mais elevado.

Existem muitos estados de consciência que você experimenta mas aos quais não dá atenção. Você pode aprender a perceber níveis superiores de informação e de consciência concentrando-se neles. Você pode vivenciar o conhecimento e a verdadeira sabedoria. Eu o ajudarei a explorar e a expandir a sua habilidade de perceber a orientação da sua alma. Você aprenderá a descobrir qualquer informação contida no universo e que possa ajudá-lo. Cada um de vocês que é atraído a este livro pode ser um canal de cura e de amor. Cada um de vocês está no caminho do serviço planetário e da evolução pessoal acelerada. Você o expressa de diversas maneiras, tal como a cura através das mãos, a partilha de conhecimentos através da fala ou da escrita, o entretenimento das pessoas e a difusão de luz e de amor para todos os que o cercam.

Existem muitas realidades, e eu gostaria de levá-lo até alguns dos reinos mais elevados e tênues de amor, alegria e sabedoria. Peço-lhe, ao ler este livro, que procure elevar e expandir seus pensamentos para alcançar novas idéias que, atualmente, podem não ser aceitas pelas massas. À medida que a consciência humana se expandir, haverá mais e mais pessoas alcançando esses novos níveis de amor. Daqui a cem anos, a contar de agora, esses conceitos serão a norma.

Você está semeando o mundo com novas formas de pensamento.

Faço um convite a todos os que estejam dispostos a ser uma parte da mudança que está para vir. Muitos iguais a mim estão reunindo vocês. Imagine-se como parte de um grupo maior, todos reunidos para explorar a consciência, para semear o universo com novas idéias que estão chegando. Essas idéias são crenças de que o universo é amigo, de que é abundante e de que você "pode" viver num estado de alegria e de amor. Ao contribuir enviando seus pensamentos mais elevados para a "atmosfera geral", está criando idéias que ajudarão outras pessoas a amar mais a si mesmas.

Estou convidando aqueles dentre vocês que estão no caminho da luz e da alegria a se juntarem à minha essência ao ler estas páginas, e a sentirem a comunidade de todos que estão compartilhando esse conhecimento. Muito pode ser conseguido por um grupo que mantém certas formas de pensamento na sua mente conjunta. Sempre que certos pensamentos e crenças são mantidos e praticados por um grupo de pessoas – e o ponto central aqui é o amor, o crescimento espiritual e o propósito mais elevado – multiplica-se por dez a capacidade de cada pessoa criá-los em suas vidas, e esses pensamentos ficam à disposição de outros que estão se esforçando em subir.

Seu país e o mundo já estão passando por uma transformação. Nos próximos vinte anos haverá mudanças substanciais nas formas de pensamento das massas. Você pode ajudar a plantar os pensamentos que estão por vir. Pode manter no seu íntimo uma imagem de grandeza, de interesses universais e de ajuda à própria terra. Para usar a energia e as mudanças que estão chegando, você precisará desenvolver qualidades da alma tais como paz, clareza, amor e alegria. Não estou falando da iminência de um holocausto, pois não vejo que isso esteja acontecendo. Estou falando da necessidade de levar a paz ao planeta trazendo-a para dentro da sua vida. Esta é uma oportunidade para você usar a energia e a atmosfera de transição da sua época para ganhar impulso para uma consciência mais elevada.

Existem muitos mestres sábios, e todos estamos difundindo a mesma mensagem de amor, de paz e de unicidade universais. Falamos linguagens diferentes, usando as palavras que melhor atingem os grupos com os quais estamos lidando. Isso começou em vários lugares. É provável que você tenha notado um sentimento de comunidade com todos os que estão concentrados na expansão da consciência e no autocrescimento. É possível que você esteja em dois mundos, ligado a pessoas que não acreditam nessas coisas e a outras que acreditam, e você poderá descobrir que possui relacionamentos que abrangem vários mundos, pois essa informação não deve ser plantada em apenas um lugar. Estamos procurando pessoas que façam uma polinização cruzada, que estejam dispostas a fazer parte de algo mais do que o seu grupo de pessoas de pensamentos semelhantes. Quanto maior o número de áreas de que você puder fazer parte, mais valiosos você e suas idéias serão para o planeta.

Você pode aprender maneiras de transcender conflitos de poder e de transferir seus relacionamentos para o coração e a alma, ligando uma pessoa à outra de um modo mais amoroso. Você estará aprendendo muitos modos joviais de se ligar aos seus amigos e a outras pessoas, de estabelecer conexões que lhe trarão alegria e paz interior. Os que estão lendo estas linhas estão caminhando para se juntarem a outras pessoas a partir do coração, e não a partir do centro do poder. O que você aprende pode ser transmitido e compartilhado. É chegado o tempo de novas formas de pensamento no planeta, de novas maneiras de nos juntarmos e de estarmos uns com os outros, maneiras que criam paz e não desarmonia.

Quem sou eu?

Quantos de vocês perguntaram o que é um guia? Quem somos? Qual o nosso objetivo? Eu, Orin, sou um instrutor espiritual. Posso existir em outros sistemas de realidade além daqueles baseados nos seus princípios científicos e nas suas leis. Vivi durante um tempo neste planeta para conhecer melhor a experiência da realidade física.

Viajo para muitos sistemas. No seu mundo, poderiam chamar-me de pesquisador, de repórter, de instrutor e guia, mas isso é apenas uma parte daquilo que eu sou. Estabeleço ligações com muitos planos de realidade, pois agora mesmo está ocorrendo numa escala interplanetária um grande crescimento e evolução em todos os reinos. Nos mundos para os quais viajo, o crescimento está sendo acelerado. A ajuda está sendo proporcionada em todos os níveis dos que a solicitam. Estou em espírito neste momento, e falo ao espírito daquela a quem chamavam de Sanaya, através da transmissão de meus impulsos de pensamento.

Sou um ser de luz.

Estou assistindo vocês que estão num caminho de luz e alegria na terra, que estão dispostos a servir ao planeta e que estão interessados no crescimento pessoal e na evolução. Ofereço orientação e assistência tanto na sua vida pessoal como no seu caminho de serviço ao mundo.

Estou transmitindo ensinamentos espirituais ao plano da terra e também a muitos outros. Viajo para várias partes do universo a fim de descobrir o que está acontecendo, e ajudo a concentrar e a direcionar orientação para as áreas que mais se podem beneficiar disso. Existem certas verdades que operam em toda parte nos universos conhecidos; estou aqui para ensinar esses princípios e práticas. A compreensão e a prática dessas verdades sempre criam a expansão da consciência e do conhecimento.

Convido sua alma a juntar-se a mim à medida que exploramos o seu potencial maior. Minha essência está nesses pensamentos e o ajudará a abrir-se para o seu ser mais profundo e mais sábio. Você se sentirá como se estivesse se transformando naquilo que sempre soube que era. Muitos de vocês sempre se sentiram diferentes das pessoas à sua volta, como se soubessem que tinham uma missão, algo especial a cumprir na vida. Espero ajudá-lo a descobrir essa missão e propósito. Convido-o a viajar comigo aos reinos de luz e amor dos quais você é originário.

Muitas de vocês, bonitas almas de luz, ficaram presas nas energias mais densas da terra. Com estes conceitos, tentarei levá-las de volta a esses reinos mais tênues que tão naturalmente procuram. Não hesitem em absorver a energia que está por trás destas palavras, pois estão escritas de tal maneira que tanto as palavras como a energia que envio com elas abrirão o seu coração.

Muito amor, compaixão e
orientação estão disponíveis
através de nós,
seres de luz.

Não estou longe, e o meu amor, a minha vibração alcançam qualquer um que os solicite. Entretanto, você precisa pedir antes que qualquer coisa lhe seja dada, pois não podemos ajudar aos que nada pedem.

Este é o início do curso. O que estou dizendo é apenas uma pequena parte daquilo que estará acontecendo a todos vocês. Espero de algum modo poder tornar a transição dos próximos anos plena de alegria, pois todos vocês estão passando por uma mudança substancial. Encorajo-os a aceitarem em seu coração somente as idéias e sugestões que soam como verdadeiras à parte mais profunda do ser, e a abandonarem as outras. Estou aqui como um auxiliar, um instrutor espiritual, para ajudá-los na sua transformação pessoal. Sejam bem-vindos a uma visão mais alegre, amorosa e pacífica de quem vocês realmente são.

III

Você pode viver alegremente

Falarei de alegria, de compaixão e de um objetivo mais elevado, pois muitos de vocês estão buscando a paz e um sentimento de plenitude interior. A maioria de vocês está ciente de que a paz provém do nosso mundo interior e de que o mundo exterior é uma representação simbólica daquilo que está dentro de nós. Vocês estão todos em níveis diferentes de percepção do processo pelo qual criam tudo o que vivenciam.

O que é o caminho da alegria? Existem muitos caminhos de vida a escolher, assim como existem muitas maneiras de servir no nível planetário. Existe o caminho da vontade, o caminho da luta, e também um caminho de alegria e compaixão.

A alegria é uma nota interior que você faz vibrar ao movimentar-se durante o dia.

O que leva alegria à sua vida? Você sabe? Você está ciente do que o deixa feliz? Ou está tão ocupado no cumprimento das suas obrigações diárias que transfere para um tempo futuro as coisas que o fazem sentir-se bem? O caminho da alegria lida com o tempo presente e não com o tempo futuro. Você está mantendo uma imagem de como a vida *será* algum dia quando estiver feliz, mas não está percebendo esse sentimento de bem-estar agora, hoje?

Muitos de vocês preenchem o tempo com atividades que não são dirigidas pela alma, mas que são atividades da personalidade. Talvez lhes tenham ensinado que o fato de estar ocupado cria a autovalorização. Entretanto, existem dois tipos de ocupações. A atividade dirigida pela personalidade é, muitas vezes, baseada em "deveres", e não é executada para beneficiar o seu propósito mais elevado, enquanto a atividade dirigida pela alma é sempre feita tendo em mente o seu objetivo mais elevado.

A personalidade é, com freqüência, distraída pelos sentidos, que captam sua atenção a cada momento. A ligação telefônica, o filho, vozerios constantes, as emoções dos outros – tudo isso são energias que prendem a sua atenção ao longo do dia e podem desviá-lo das mensagens vindas do seu interior.

A verdadeira alegria provém do trabalho com a orientação interior e do reconhecimento de quem você é.

Você poderá ter muitos motivos para não poder mudar a sua vida agora mesmo. Se não começar a criar motivos para poder fazê-lo, a mudança será sempre um pensamento futuro e você não estará no caminho da alegria. Neste mundo em que escolheu entrar, você foi dotado de sentidos físicos e de um corpo emocional. Seu grande desafio é não ser distraído pelo que surge à sua frente, ou por aquilo que está se impondo a você ou chamando por você mas, em vez disso, encontrar o seu centro e atrair para si todas as coisas que estão em sintonia com o seu ser interior.

Você está procedendo de maneira que as pessoas se impõem a você, de modo que o seu tempo está tomado, mas não preenchido com as coisas que deseja? Você tem o poder de mudar esse drama. Esse poder provém da sua compaixão por quem você é e do seu senso de liberdade interior.

Muitos de vocês estabeleceram para si mesmos vidas que não são plenas de alegria por acreditarem que estão comprometidos com outras pessoas, que precisam sentir-se necessários ou que estão escravizados por uma situação ou outra.

O desafio do caminho da alegria é criar liberdade.

Toda pessoa é livre. Talvez você tenha criado uma arena de trabalho, baseando sua vida em certas realizações e formas. O caminho da alegria é aprender a não ficar preso pelos detalhes dessas formas. É aprender a não cair na armadilha das suas criações, mas ser elevado por elas.

Caso tenha criado um trabalho, um relacionamento ou qualquer coisa que não lhe esteja proporcionando alegria, olhe para o seu interior e pergunte a si mesmo por que tem que manter um relacionamento com qualquer coisa ou pessoa que não lhe traz alegria. Muitas vezes isso se deve ao fato de você não acreditar que merece ter aquilo que deseja. Não existe algo como "merecer" neste plano. Todos vocês foram dotados de imaginação ativa; é a porta de saída de onde se encontram. A sua pode ser uma porta para a preocupação, se é assim que a usa, ou pode ser uma porta para a alegria.

Quando está ao telefone, durante o dia, falando com seus amigos, você deixa que eles falem o tempo todo quando a sua vontade seria que desaparecessem? Fica ouvindo suas histórias, que abatem a sua energia? Costuma marcar encontros com pessoas, mesmo que não tenha realmente tempo ou quando não existe um propósito maior em estar com elas? Para encontrar o caminho da alegria, você perguntará a si mesmo por que se sente comprometido com as pessoas ou com as formas que você criou.

O caminho da compaixão não o obriga a amar qualquer pessoa, independentemente de como ela age ou de quem ela é. É o caminho no qual se enxerga a verdade de quem são as pessoas, reconhecendo todas as suas partes. É o caminho no qual se olha para as pessoas e se pergunta se existe algo que se pode fazer para curar, ajudar ou para levá-las a entrar em contato com a sua visão mais elevada. Se não existe nada disso, você está enfraquecendo a sua energia pelo fato de perder o seu tempo com elas.

Alguns de vocês estão ajudando as pessoas repetidamente, e sentindo-se frustrados. Talvez se sintam obrigados, como se não houvesse outro caminho exceto o de ouvir suas histórias de aflição, desejando que melhorem suas vidas. Se você está ajudando as pessoas e elas não estão crescendo, seria melhor que verificasse novamente se de fato as está ajudando, ou se elas são capazes de receber a ajuda que você está proporcionando.

O caminho da alegria implica a capacidade de receber. Você pode estar rodeado de amor, de amigos que o prezam, e ter um corpo saudável e perfeito, se quiser. Existe muito a ser apreciado e pelo que devemos ser gratos. Uma das maneiras de receber mais é passar algum tempo apreciando aquilo que você já tem. Reconheça até mesmo as coisas mais simples – as flores pelas quais passa ao dirigir, o sorriso encantador de uma criança, e logo descobrirá que o universo lhe envia ainda mais.

Aqueles dentre vocês que estão preocupados com dinheiro ou em encontrar uma carreira onde possam ganhar dinheiro fazendo aquilo de que gostam, já se dispuseram a assumir riscos e a fazer aquilo de que gostam? Dispuseram-se a confiar em que o universo lhes daria a oportunidade? Além disso, estão preparados para lidar com o dinheiro quando ele chegar? Vocês sentem que o merecem?

O caminho da alegria implica a valorização de si mesmo e o controle de onde você gasta o seu tempo.

Se cada pessoa gastasse o seu tempo somente onde realizasse o maior bem para si mesma e para quem está junto com ela, o mundo mudaria em um dia. É importante gastar o tempo fazendo coisas que promovam o seu bem superior. Se algo não é para o seu bem maior, posso garantir que não o é para o bem maior do planeta nem de outras pessoas.

Você poderá perguntar a si mesmo: O que tenho a fazer aqui que me traga alegria? Cada um de vocês tem coisas que adora fazer. Não existe pessoa alguma que não tenha algo que adora fazer.

O que você ama é um sinal do seu Eu superior a respeito daquilo que você está aqui para fazer.

Você poderá dizer: gosto de ler e de meditar; certamente, esse não pode ser o meu caminho para me trazer dinheiro. Todavia, se você se deixasse ficar sentado lendo e meditando, um caminho se desvendaria. Com bastante freqüência você resiste àquilo que mais quer fazer. Em cada mente existe um sussurro do próximo passo. Poderá ser algo simples, como dar um telefonema ou ler um livro. Poderá ser algo bastante concreto e mundano, que talvez nem mesmo esteja relacionado com a sua visão superior. Saiba que sempre lhe está sendo mostrado o próximo passo; é sempre algo que surge à sua mente como uma coisa óbvia, simples e alegre de fazer.

Todos vocês sabem o que lhes traria alegria amanhã. Ao acordar, pergunte a si mesmo o que poderia fazer durante o dia que lhe proporcionasse alegria e encanto. Ponha um sorriso no rosto, em vez de se concentrar em como passar mais um dia. Não se concentre nos problemas a enfrentar.

Você só terá alegria quando se concentrar em tê-la e se fixar em nada menos do que isso.

Qual é a sua maior visão e como encontrá-la na sua vida? A maioria de vocês têm muitas distrações que não precisariam existir. Se você se sentasse, mesmo que apenas por cinco minutos a cada dia, revendo aquilo que programou para o dia, e se perguntasse como cada compromisso, pessoa ou telefonema se enquadra no seu propósito mais elevado, em poucos meses estaria no caminho do seu destino e descobriria meios de dobrar a sua renda. Naturalmente, você terá de *agir* de acordo com essa sabedoria.

Caso não conheça o seu caminho, você pode criar um símbolo para ele. Imagine que o está segurando em suas mãos, como uma bola de luz. Leve-o para perto do coração, depois sobre o chakra da coroa, no topo da cabeça, e liberte-o para a sua alma. Em pouco tempo, ele começará a tomar forma. Verificará que, com o simples pensamento no propósito mais elevado, começará de forma mágica e magnética a reajustar o seu dia. Subitamente, amigos que tomavam o seu tempo não parecerão mais tão importantes, à medida que encontrar novos amigos e modificar a natureza das suas amizades com seus antigos conhecimentos.

Compaixão é cuidar de si mesmo, valorizar a si mesmo e ao seu tempo. Você não deve o seu tempo a ninguém. Quando assumir o comando de si mesmo e afirmar que é uma pessoa única e valiosa, o mundo também o afirmará a você.

Cada pessoa tem um objetivo e uma razão para estar na terra.

Não existe apenas uma coisa que seja a sua tarefa específica aqui, pois cada coisa que realiza torna-se parte de um passo anterior e de outro estágio da sua evolução. Cada experiência está integrada em experiências anteriores. Alguns de vocês mudam de direção, tentando coisas novas e aparentemente sem relação com as anteriores, para adquirir novas habilidades na jornada para o alto. Alguns de vocês encontram uma forma para o seu trabalho. Alguns de vocês estão aqui para desenvolver, como seu propósito, uma visão de paz interior.

Não julgue o seu objetivo pelo padrão dos outros, ou pelo que a sociedade lhe disse que era o melhor a ser feito. Talvez você esteja aqui para desenvolver a paz interior e irradiar essa qualidade para fora, tornando-a acessível a outras pessoas. Talvez você esteja aqui para explorar o reino do intelecto ou o mundo dos negócios, para ajudar as formas de pensamento que há no planeta nesse nível. A compaixão está fora de julgamento. É a simples aceitação, a capacidade de amar e de valorizar o ser, e o caminho de objetivo mais elevado que se descortina, seja ele qual for.

Existe tensão no mundo inteiro durante quase todo o tempo, mas existe também uma grande oportunidade à disposição daqueles que estão concentrados no que é positivo e que estão dispostos a assumir a responsabilidade por tudo aquilo que criam. A energia está disponível para os intuitivos, para os curadores e para os que estão no caminho da alegria. Com essa energia surge a oportunidade de ter grande abundância e alegria "agora".

Muitos de vocês estão progredindo rapidamente. Têm estado numa trilha acelerada de crescimento, de modo a poderem curar e ensinar outros que estão a caminho. Alguns de vocês, tais como autores e escritores, talvez estejam anos adiante das formas de pensamento das massas, e é necessário que estejam no fluxo do tempo quando suas obras forem publicadas. Nem todos estão passando pelas mesmas etapas ao mesmo tempo.

Todos vocês que estão lendo este livro são pioneiros, pois não seriam atraídos a esta informação se não estivessem adiante de sua época.

Talvez vocês estejam sentindo uma mudança na energia do planeta. Aqueles dentre vocês que estiverem dispostos a olhar para cima e a encontrar a sua visão verificarão que suas vidas estão mais aceleradas. Se você achar que está ocupado neste momento – prepare-se! As coisas acontecerão mais depressa, e é por esse motivo que a sabedoria e o discernimento estão ficando cada vez mais importantes. É por esse motivo que você vai querer olhar cada dia e compará-lo com o seu objetivo mais elevado.

Às vezes, o mais difícil de tudo é dizer "não" a alguém necessitado. Se você prestar atenção constantemente às pessoas que estão em crise, estará afirmando que o modo de elas atraírem a sua atenção é produzindo a crise. Se, na sua vida, quiser que as pessoas respeitem e valorizem o seu tempo, ensine-as por meio de recompensas quando assim o fizerem.

O mundo está passando por uma mudança, e as coisas estão sendo aceleradas. Talvez você esteja sentindo isso. Aqueles que não estão concentrados na sua visão mais elevada e no seu ser superior passarão por mais problemas ainda. Algumas das pessoas à sua volta poderão estar falando da época atual como o maior e mais alegre momento de suas vidas, enquanto outras falam que é o mais difícil. Se estiver sentindo esta época como a mais alegre da sua vida, olhe para os outros ao seu redor. Antes de julgá-los ou de se sentir separado das pessoas que estão em dificuldades, envie-lhes simplesmente a sua luz e então deixe-as seguir.

Caso você esteja vivendo conflitos de poder com pessoas – estranhos, pessoas amadas ou amigos íntimos – apele para o seu Eu superior. Pare por um momento, tome uma inspiração profunda, e não se deixe envolver num confronto, que é o desejo delas. Lembre-se: é desejo delas, e *não* seu.

Nessa vibração acelerada do planeta, você vai querer aprender a não ser atraído pela energia das outras pessoas através do terceiro chakra, o plexo solar. Grande parte da energia que as pessoas sentem das outras provém do plexo solar, o centro do poder e das emoções. Muitos dos seus desafios no caminho da alegria serão os de evitar os conflitos de poder e têm sua origem num profundo nível de compaixão. Se um amigo lhe falar rispidamente ou tratá-lo com agressividade, recue e, com um sentimento de compaixão, tente sentir a vida do ponto de vista dele. Talvez você perceba que ele está cansado, ou numa atitude de defesa, e que isso nada tem a ver com você, pois você representa apenas um outro personagem na sua peça. Quanto mais puder ficar de fora e não ser atraído para conflitos de poder, mais calma e abundante será a sua vida, e mais você estará em condições de curar outras pessoas mantendo-as no seu coração com compaixão.

Faça uma introspecção, por um momento, e pergunte a si mesmo o que pode fazer amanhã, especificamente, para trazer mais alegria à sua vida. Pergunte a si mesmo o que pode fazer para evitar um conflito de poder ou uma questão que está perturbando a sua vida e que está drenando sua energia. O que você pode fazer amanhã para encontrar um pouco mais de tempo para encontrar sua paz interior?

Você tem muito para agradecer: sua mente excelente e seu potencial ilimitado. Você tem capacidade de criar tudo o que deseja; os únicos limites são aqueles que você cria para si mesmo. Desperte pela manhã e afirme a sua liberdade. Mantenha elevada a sua visão superior e viva a vida mais alegre que puder imaginar.

EXERCÍCIOS

1 – Anote sete coisas que gosta de fazer, que sente prazer em fazer e que não tem feito nos últimos meses. Poderá ser qualquer coisa – deitar-se ao sol, viajar, submeter-se a uma massagem, alcançar um objetivo, fazer exercícios, ler um livro.

2 – Ao lado de cada uma dessas sete coisas, anote aquilo que o impede de fazê-las – pode ser algo interior (como seus sentimentos) ou exterior (alguém ou algo, como a falta de dinheiro, que o impede de fazê-lo).

3 – Tome duas ou três coisas da sua lista que lhe proporcionam a maior alegria, e pense num passo que pode dar com relação a cada uma delas para introduzi-las na sua vida.

4 – Marque no seu calendário uma data e hora em que fará cada uma dessas atividades alegres fazerem parte de sua vida.

IV

Mudando o negativo em positivo

A capacidade de ver todas as situações, pessoas e eventos de uma perspectiva positiva ajudará você a abandonar as formas de pensamento das massas e dos níveis mais densos de energia, rumo ao seu caminho de alegria. Você pode aproximar-se das pessoas com as quais se relaciona com a crença de que tudo acontece para o seu bem. É comum ouvir as pessoas se queixarem, sentindo-se vítimas, ou falarem sem parar das coisas negativas que lhes aconteceram. A maioria das conversas e comunicações – na TV, nos restaurantes, nos ônibus e lugares públicos – giram em torno daquilo que é errado e mau. Desenvolveu-se um modo de pensar e de se relacionar com os outros que dá muita importância à retidão, ao que é certo ou errado, e a ênfase geralmente está no errado. Isso tem sua raiz nos nossos sistemas de polaridade, onde algo ou é bom ou é mau, ou é positivo ou negativo, ou é para cima ou para baixo. Mudar o negativo em positivo faz parte da propagação da crença num bem superior.

Pelo fato de você existir num sistema de polaridades, não posso expressar-me de modo significativo sem usar esse tipo de estrutura; sendo assim, usarei esse sistema na minha comunicação com você. Você pode assumir a responsabilidade de educar aqueles com quem entra em contato quanto às razões positivas pelas quais as coisas lhe estão acontecendo.

Se você quer estar consciente do bem superior que acontece na sua vida, esteja disposto a livrar-se de uma perspectiva limitada e amplie a visão que você tem dela.

De várias maneiras o seu passado age como uma âncora até você liberar e abandonar quaisquer crenças negativas ou recordações a respeito dele. Alguns de vocês têm relacionamentos do passado que sentem que não cuidaram da melhor forma que podiam. Talvez exista uma antiga ferida em seus corações ou um sentimento de humilhação. Vocês podem retroceder e mudar lembranças negativas olhando para as dádivas que as pessoas tinham para vocês e vendo o bem que vocês fizeram a elas. Poderão então transmitir telepaticamente o perdão e o amor a essas pessoas, seja qual for a idade que tinham ao conhecê-las. Fazendo isso, curarão a si mesmos e aos outros. A cura acontecerá no presente e apagará qualquer projeção de padrões negativos no seu futuro.

Começarei a falar do passado, pois muitos de vocês mantêm imagens negativas do seu próprio passado. A cada dia você está crescendo e evoluindo, bem como aprendendo novas maneiras de lidar com a sua energia; mas, se não fosse pelos incidentes do passado, você não seria quem é agora.

Tudo o que acontece tem o propósito de ajudar a dirigi-lo para o seu Eu superior.

Agora que você atingiu um novo nível de existência, poderá estar tentado a olhar para o passado com pesar. Poderá pensar em como poderia ter lidado com certas coisas de muitas maneiras mais elevadas, mais amorosas. Todavia, justamente esses incidentes proporcionaram a você o crescimento que lhe permite agora ver um modo melhor de se comportar. Algumas lições poderão ser mais dolorosas do que outras, dependendo da sua disposição para enfrentá-las. Quando falo em ampliar o seu âmbito de visão, estou falando em ser capaz de sair do presente e de ver a sua vida como um todo, e não como uma série de eventos sem ligação.

Quando eu, como Orin, observo uma pessoa, coloco-me acima da sua vida e vejo cada incidente não como um evento separado, mas como parte de uma vida inteira. Você também tem a capacidade de fazê-lo. Poderá resistir ou não se sentir disposto a arranjar tempo para isso; contudo, as recompensas que o aguardam são grandes se você se dispuser a ver a sua vida de uma perspectiva mais ampla. Para remodelar-se numa base positiva, a mente consciente precisará ver o quadro maior. O corpo espiritual consegue ver o quadro maior. Você pode aprender a entrar nessa perspectiva maior e a sair do corpo emocional e mental. Isso o ajudará a ver a sua vida positivamente.

O corpo emocional da maioria das pessoas é muito mais jovem do que seus corpos espiritual ou mental, e é o que mais está preso na energia densa. O nível emocional da maioria das pessoas deste país está evoluindo, mas ainda é jovem. Não está sendo ajudado na sua evolução pelos sistemas correntes de crença, de medo e de pessimismo. É nossa intenção, ao manter um foco constante de paz e de amor, contribuir com otimismo e esperança para a atmosfera emocional e os sistemas de crença das pessoas.

Os jornais e a mídia comunicam com freqüência um sentimento de fatalidade que permeia as imagens mentais e a tônica do sentimento emocional da nação. Como estou falando em remodelar-se numa base positiva, acrescentarei que existem *boas* razões para isso estar acontecendo. Se olharem para o país de uma perspectiva mais ampla, verão que vocês, enquanto raça, estão mudando o caminho em que se encontram, por causa dessas mensagens baseadas no medo. As pessoas reagem a certos tipos de mensagens, e a maioria reage às mensagens negativas que estão sendo divulgadas, incluindo as que alertam e as que produzem o medo. Agora mesmo foi decidido por vocês, enquanto raça, que o medo funciona com mais eficiência na mudança das pessoas do que a esperança; todavia, quando a maré virar, será uma época de novas comunicações de esperança e otimismo.

Ao situar-se em meio à sua sociedade, conscientize-se da maneira como as pessoas estão falando, e veja o que estão aprendendo com relação à sua energia. Espalhe entre eles a crença de que podem vivenciar o crescimento por meios positivos. Existem alguns sistemas de crenças que estão sendo mudados atualmente, e eu os mencionarei, para que você possa ajudar na divulgação desses sistemas mais elevados de realidade com maior rapidez.

Um deles é a crença de que o crescimento vem através da dor e da luta. Essa é uma crença que você está se preparando para abandonar num nível de massa. Entrentanto, há muitas pessoas que ainda não estão preparadas para existir sem dor e luta e, assim, deve-se permitir a elas que vivam nessa arena até estarem dispostas a mudar.

Existe uma crença geral de que o mundo exterior é mais importante do que o interior, e isso também está sofrendo uma mudança. Existe uma crença de massa com relação à escassez, de que não há o suficiente para todos. Esta é uma das crenças subjacentes da sua civilização e é sempre uma fonte de competição e de conflitos de poder. Não há aqui julgamento negativo, mas apenas a observação de que algumas pessoas aprendem de uma forma que faz a vida tornar-se difícil para elas. Você pode estar na linha de frente das novas formas de pensamento, e por isso estou chamando a sua atenção para as crenças no meio das quais você vive. Uma vez tendo-as reconhecido, você poderá escolher se concorda e quer viver de acordo com elas ou não.

Você está disposto a acreditar em idéias de abundância, de reconhecer o mundo interior e de aprender a crescer através da alegria?

Começando pelo seu próprio passado, pense numa ocasião em que aconteceu algo que você não compreendeu. Agora, ao olhar para trás como adulto, como um ser mais velho e maduro, você pode perfeitamente entender a razão de ter atraído esse incidente para você e o que aprendeu com o mesmo. Ao olhar para trás com o quadro mais amplo em mente, você pode observar que, quando não conseguiu o que pensou que queria, é porque havia um motivo para não ter essa coisa. Talvez o fato de não ter essa coisa tenha mudado o rumo da sua vida. Talvez a posse disso tivesse retido você de alguma maneira, ou talvez se tratasse de algo que você queria a partir de uma parte menor, menos evoluída de você. Ao voltar atrás com suas memórias, revendo relacionamentos e ocupações do passado (mesmo aquelas em que ainda se encontra, mas que está abandonando), observe como lhe serviram. O que você tem agora não seria possível sem essas experiências. Você não pode deixar algo a não ser que você o ame. Quanto mais odiar alguma coisa, mais ligado estará a ela, e quanto mais a amar, mais livre será. Assim, na medida em que amar o seu passado, você estará livre dele.

Quando puder pensar na sua infância e nos seus pais sabendo que foram perfeitos para o caminho no qual se encontra, você estará livre dos efeitos do seu passado. Você pode acreditar que escolheu os seus pais, os seus relacionamentos e as suas ocupações de modo a poder estar onde se encontra agora. Ao mudar suas recordações negativas numa compreensão positiva, você pode penetrar até mais rapidamente no seu futuro.

Você pode libertar o seu passado amando-o.

Sempre que você pensa numa lembrança triste, que o faz sentir-se com pena de si mesmo, ou sentir-se mal pelo modo como agiu, ou na qual se vê como vítima, ou que o faz manter uma imagem negativa de si mesmo, pare! Veja qual o bem que você criou com essa experiência. Talvez você tenha aprendido tanto com ela que nunca mais adotou esse tipo de comportamento na sua vida. Pode ser que, devido a essa situação, você tenha mudado o seu rumo. Talvez ela o tenha levado a uma ligação importante ou o tenha ajudado a desenvolver novas qualidades e traços de personalidade. Talvez, nesse acontecimento, você tenha servido e ajudado muitas pessoas. Pode ser que, criando obstáculos para você, seus pais tenham desenvolvido a sua força ou a sua vontade interior. As pessoas que querem desenvolver seus músculos, por exemplo, usarão pesos para levantá-los. Seus pais podem ter agido como um "peso" a ser levantado por você a fim de desenvolver a sua força interior. Tudo o que aconteceu no passado aconteceu para o seu bem. Se você pudesse acreditar que o universo é amistoso, que está sempre ajudando-o a criar o seu bem maior, você poderia viver uma vida com mais paz e segurança.

Olhe para a sua vida presente. Caso você queira ver o quadro maior, pode sentar-se e imaginar que está penetrando no futuro. Se estiver enfrentando um novo desafio, para o qual ainda não adquiriu as habilidades necessárias, imagine-se entrando no futuro e unindo-se ao seu futuro ser, atraindo para si o conhecimento que esse futuro ser possui. Talvez isso não chegue à sua percepção consciente até o momento em que necessitar dele, mas a energia e o conhecimento que o seu futuro ser podem enviar-lhe poderão fazer com que aquilo por que você está passando agora lhe pareça mais fácil. Se estiver enfrentando decisões ou transtornos, imagine-se daqui a cinco anos olhando para o dia de hoje e vendo o quadro geral. Então, ligue-se com esse ser do futuro, pois dessa perspectiva seria muito mais simples saber o que fazer hoje. Você poderia até mesmo imaginar que é esse futuro ser, e falar com o seu ser do presente a partir dessa perspectiva do futuro. Você poderia compor o quadro, dizendo a si mesmo por que está passando por suas atuais experiências e afirmando ao seu ser do presente que é correto tudo o que está acontecendo. Seu futuro ser é real e está separado de você apenas pelo tempo. Ele pode falar com você e ajudá-lo a saber o que fazer neste momento, como chegar onde você quer e até mais depressa.

Ao imaginar o seu futuro,
não pense que você será o
mesmo que é agora.

Você será mais aberto, sábio e evoluído; problemas que existem agora na sua vida serão resolvidos. Os problemas criam um foco de atenção. São rotulados como problemas porque você ainda não tem a solução, ainda não está ativada ou amadurecida aquela nova parte de você que sabe lidar com a situação de modo eficaz. Muitas vezes você cria os problemas para dar origem a novas formas de comportamento e para fazer evoluir alguma parte de você. Você pode fazer isso sem provocar crises, se prestar atenção aos sussurros da sua mente e se passar algum tempo imaginando a si mesmo no futuro. Você pode atrair para si novas imagens de quem você gostaria de ser, mas também vai querer ter a vontade de se livrar das situações e coisas que, na sua vida, não se enquadram nessas imagens.

O corpo emocional é o que mais tem a ganhar em recompor tudo numa base positiva, pois toda vez que você diz uma palavra negativa a si mesmo, ou faz algo errado, o seu corpo emocional muda de vibração e a sua energia enfraquece. Quando a vibração arrefece, o seu magnetismo é alterado e você atrai para si pessoas e eventos que ampliam essa queda de energia. Uma vez que assume a responsabilidade e sintoniza a sua consciência com pensamentos mais elevados, criando imagens alegres em sua mente, você consegue elevar a vibração do seu corpo emocional. Então você desejará que as pessoas, na sua vida pessoal, contribuam com esses sentimentos mais elevados e compartilhem deles. Entretanto, se você verificar que as pessoas que conhece estão constantemente deprimidas ou furiosas, ou num estado emocional negativo, pergunte a si mesmo que crença lhe diz que é bom para você estar nesse ambiente pessoal.

A maioria de vocês possui, em seus relacionamentos pessoais, hábitos e padrões que se repetem, não importa com quem estejam. Se estiver disposto a abandonar esses padrões, você encontrará muitas maneiras novas de aprofundar os laços entre você e os outros. Se você se concentrar em algo errado com outra pessoa, poderá torná-lo ainda maior. As coisas que antes funcionavam nos seus relacionamentos começarão a não funcionar. Por outro lado, se se concentrar em ver o bem nas outras pessoas, observando sua beleza e falando-lhes daquilo de que você gosta nelas, verificará que os aspectos que lhe causavam problemas começarão a se resolver por si próprios, mesmo que você não tenha trabalhado diretamente para encontrar soluções.

Quanto mais se concentrar nos problemas que existem entre você e os outros, ou naquilo que está errado nas outras pessoas, tanto mais você verá que os relacionamentos irão por água abaixo. Quando as pessoas se encontram pela primeira vez, estão tão concentradas no bem que existe em cada uma que, como se diz, estão usando óculos cor-de-rosa. Essa é uma grande dádiva de uma para a outra, pois, como cada uma presta atenção no bem que existe na outra, elas se ajudam mutuamente a criá-lo.

Amar as pessoas é um compromisso de manter delas uma visão elevada, mesmo quando o tempo e a familiaridade fazem sentir seus efeitos.

Muitos de vocês, quando vêem algo que é diferente de vocês em outra pessoa, num namorado ou numa amiga, envolvem-se em conflitos de poder ou de competição para lidar com isso. Se, ao contrário, você aceitar a visão de mundo da outra pessoa e reconhecer que é simplesmente diferente da sua, não precisará fazer outra coisa a não ser amá-lo ou amá-la. Você não precisa convencer as pessoas de que está certo, pois isso apenas faz com que se envolva em conflitos de poder com elas. Nem precisa ficar convencido de que elas estão certas. Ser positivo não significa ser cego. Significa estar disposto a ver o bem nos outros, e a deixar de se concentrar no que é errado (para você) ou diferente.

Quanto mais você aponta aos outros tudo aquilo em que estão mal ou errados, mais inseguros os torna e, a partir dessa base de insegurança, você efetivamente cria e aumenta os problemas que está focalizando. Você pode dizer a todas as pessoas com quem se relaciona como elas são boas, e ajudá-las a reconhecer o quanto estão crescendo. Sempre que se queixarem de um problema ou de algo errado, pode ajudá-las a ver como a situação as está beneficiando, as mudanças positivas que lhes está proporcionando e o que está ensinando a elas.

Talvez você esteja pensando no seu emprego, ou no fato de estar desempregado como um problema, ou esteja querendo estar fora de uma determinada carreira, ou achando que poderia criar uma. O seu Eu superior está sempre cuidando de você. Está sempre orientando-o para ver se as suas atitudes, aquilo que você é no nível da personalidade, no nível emocional e físico, estão suficientemente desenvolvidas para você ter o que deseja. Se ele vê que você não está pronto, deixa você de lado enquanto faz evoluir as partes de você que precisam ser desenvolvidas. Você poderá precisar de certos talentos, encontrar novas pessoas ou mudar o seu meio ambiente.

O seu Eu superior o guiará na direção certa, de modo que você possa efetuar as mudanças de que necessita ou ter aquilo que deseja.

Se você observar de uma perspectiva mais ampla, compreenderá que aquilo que está acontecendo com você agora o está preparando para algo mais. Se nesta semana você encontrar pessoas se queixando, simplesmente lhes diga: "Deixe disso!" Aprenda a usar sua voz para interromper a energia das pessoas ao lhe exporem suas queixas. Se você as ouvir, elas se apegarão; se ouvir a sua negatividade, você estará dando chance para que a sua energia mais baixa o afete. Você não precisa ouvi-las. Fazendo com que as pessoas parem de lhe contar suas histórias, sobretudo se não forem boas, você as ajuda a livrar-se delas mesmas. Observe as pessoas durante esta semana. Elas continuam a relatar sem parar suas histórias tristes? Se assim for, você está se ligando a elas no nível da personalidade, quando poderia relacionar-se com elas de um modo mais elevado.

Pergunte a essas pessoas o que desejam e para onde estão indo. Qual o objetivo mais elevado que podem criar? Mude sua concentração nelas para o positivo, e estará fazendo o mesmo com a sua própria energia. Nesta semana, esteja disposto a ouvir atentamente a todos que encontrar no seu caminho. Ouça as conversas em praça pública. Se notar que não são positivas, desligue-se delas. Mas, antes disso, envie mentalmente às pessoas o pensamento de que o nível de desenvolvimento no qual agora se encontram evoluirá, e envie-lhes amor pelo que elas são.

Observe a TV, os jornais e os livros que lê – usam palavras positivas? Aumentam a sua energia ou enfraquecem-na e plantam imagens negativas na sua mente? Você é absolutamente livre para escolher aquilo que lê e ouve. Ninguém o obriga a fazer nada. Nesta semana, use a sua livre e espontânea vontade para colocar-se no ambiente mais elevado e mais revigorado que puder criar. Observe e fique atento ao nível do qual se aproximam. Você irá verificar que tem muito a oferecer ajudando os outros a atingir um nível mais elevado. Saiba que você pode carregar a luz e levá-la a todas as pessoas com as quais entra em contato.

MUDANDO O NEGATIVO EM POSITIVO

EXERCÍCIOS

1 – Pense em alguém em relação a quem se sentiu crítico nos últimos tempos. O que, especialmente, o fez sentir-se assim?

2 – O que você critica em si mesmo é igual ou é o oposto ao que você critica nessa pessoa? Por exemplo, talvez você critique um amigo por sempre chegar atrasado. Você pode orgulhar-se de ser pontual, mas talvez descubra, numa análise mais profunda, que é muito autocrítico no que se refere a questões de tempo.

3 – Pense numa ocasião em que fez a mesma coisa pela qual está criticando a outra pessoa. Digamos, por exemplo, que esteja criticando seu amigo por não lhe devolver dinheiro. Houve alguma ocasião em que você não devolveu dinheiro emprestado a alguém?

4 – Pense numa ocasião em que se sentiu cordial e afetuoso. Penetre nesse sentimento. Agora pense de novo na pessoa que está criticando. Como se sente em relação a ela ao considerá-la com esse sentimento cordial e afetuoso? Vendo o seu amigo com olhos afetuosos e compassivos, você perdoa a si mesmo.

5 – Mantenha esse sentimento cordial e afetuoso. Pense naquilo que provocou a sua crítica a si mesmo. Você se sente mais cordial e afetuoso em relação ao seu comportamento?

V

A arte do amor-próprio

Existem muitas maneiras de amar a si mesmo, e tudo o que acontece com você é uma oportunidade de ter uma experiência de amor. Quando observada da perspectiva correta, qualquer coisa pode proporcionar-lhe ocasião para amar a si mesmo. Quando as coisas parecem ir contra você, elas estão acontecendo apenas para mostrar-lhe bloqueios do poder que você pode usar. Estou certo de que, se eu lhe pedisse para fazer uma lista de coisas que seriam do seu agrado, você seria capaz de pensar em muitas. Talvez exista uma parte em você que o lembra de que você não está fazendo essas coisas, e inicia-se uma batalha. Essa guerra interior pode ser extenuante, e fazer injustiça a si próprio não é uma aplicação correta da energia.

Amar a si mesmo significa
aceitar-se como você é agora.

Não existem exceções no contrato; trata-se de um acordo consigo mesmo de apreciar, validar, aceitar e apoiar quem você é no momento. Isso significa viver no presente. Muitos de vocês olham para o passado com arrependimento, pensando em como poderia ter lidado melhor com uma situação, imaginando que, se ao menos pudessem ter feito isto ou aquilo, os resultados teriam sido melhores. Alguns de vocês olham para o futuro para tornar inadequado o ser que são agora. O passado pode ajudá-lo, caso você se lembre das ocasiões em que obteve sucesso criando memórias positivas, e o futuro pode ser seu amigo se, ao imaginá-lo, você estiver criando uma visão do próximo passo a ser dado. Não seja injusto consigo mesmo pelo fato de ainda não tê-lo realizado. É importante amar a si mesmo como você é agora, sem reservas.

Amar a si mesmo está além de qualquer ligação ou separação. Você existe em corpo físico, e cada um de vocês tem um ponto de convergência que chama de "eu". Foi-lhe concedido esse "eu" com o fim de poder separar-se de um todo maior e experimentar uma parte específica da existência. Tudo o que você experimentou até agora foi aquilo a respeito do qual você nasceu para aprender. Quer o qualifique de bom ou de mau, é o que compõe o seu ser, a sua singularidade e o seu objetivo. Se pudesse ver a si mesmo da minha perspectiva, ver-se-ia como um cristal com muitas facetas. Cada um de vocês é completamente diferente, uma combinação única de energia. Cada um de vocês é belo, especial e único da espécie, como o é cada cristal. Você reflete a luz de um modo único e, assim, a sua aura difere da aura das pessoas que estão à sua volta. Se você pudesse apreciar a sua singularidade, ver que o caminho que escolheu é diferente do das outras pessoas, seria mais fácil desligar-se das opiniões dos outros e seguir a sua própria orientação.

Uma das maneiras de amar mais a si mesmo é parar de comparar-se aos outros. Embora faça parte do todo, você é também um ser individual, com o seu próprio caminho. Os sistemas de crenças do seu grupo e da família que adotou podem constituir-se em obstáculos ao seu amor-próprio. "Todos dizem que é bom meditar" – talvez você esteja acostumado a ouvir isso e, assim, se sente mal se não o fizer. O desafio de amar o ser é afastar-se de tudo o que lhe dizem e perguntar a si mesmo: "Isto serve para mim? Isto me traz alegria? Sinto-me bem quando o faço?" Em última análise, a sua experiência é que vale.

Existe a tentação de transformar em autoridade uma outra pessoa ou algo, como um livro, e de colocar fora de você próprio a capacidade de decidir o que é bom para você. É muito bom estar com os mestres, mas somente para que você possa aprender a angariar informações e se isso contribuir para o seu crescimento. Eu existo para abrir-lhe as portas; eu não quero tomar o seu poder, mas proporcioná-lo a você. Quando você está com os mestres ou com qualquer pessoa que considera uma autoridade na sua vida, mesmo que seja apenas um amigo, pergunte e ouça atentamente o que eles estão dizendo. Talvez você esteja aceitando as suas afirmações como verdadeiras, e é importante perguntar se aquilo que estão dizendo é verdadeiro apenas para eles ou se também é algo bom para você.

Amar a si mesmo significa sair do estado de culpa.

Existe uma tremenda culpa nesta sociedade. Muitas das ligações entre as pessoas provêm do plexo solar, o centro do poder, de onde as pessoas tentam persuadir, convencer, controlar e manipular os outros. Amar a si mesmo significa sair desse tipo de relacionamento. Para fazê-lo, você precisa livrar-se da culpa.

Se você não jogar o mesmo jogo que os outros à sua volta, poderá notar que eles se sentem ameaçados. Eles querem que você pense e aja de determinada maneira, para enquadrar-se em suas imagens; dessa forma, tentam ganhar poder sobre você através da culpa. Muitas vezes os pais não conhecem outro meio de manter o controle; usam a culpa, a raiva e a retirada do amor para dominar os filhos. Quando se sente forte e com o controle da sua vida, você pode agir a partir do coração. Quando sente falta de controle, poderá sentir que precisa manipular ou envolver-se em conflitos de poder para obter o que deseja. Você poderá pensar que precisa pedir desculpas pelo seu comportamento, ou dizer mentiras justificáveis para proteger o sentimento das outras pessoas.

Quando você age dessa maneira, não está amando a si próprio; em vez disso, está enviando ao seu subconsciente a mensagem de que aquilo que você é não é suficiente ou aceitável para as outras pessoas. Se você quiser ser livre, é importante também não manipular os outros, mas dar-lhes a sua liberdade. No início, poderá sentir como se tivesse perdido uma parte do controle, ao conceder às outras pessoas o direito de fazer o que quiserem com suas vidas. Mas estará criando entre ambos um nível inteiramente novo de honestidade e de amor, o que não poderia ocorrer sem a sua coragem e disposição de afrouxar o controle.

Você pode aprender a não ligar para as reações dos outros e para as suas próprias emoções, se o tiram do seu centro calmo e claro. Amar a si mesmo significa afirmar-se com compaixão. Quando você está determinado a mostrar aos outros quem você é, você lhes abre a porta para que também exponham o seu verdadeiro ser. O julgamento é um obstáculo ao amor-próprio. Toda vez que você julga, você separa. Quando você forma opiniões a respeito de outra pessoa, olhando para ela e dizendo, por exemplo: "Essa pessoa me parece preguiçosa, ou fracassada, ou usa roupas horríveis", você cria para o seu subconsciente a mensagem de que o mundo é um lugar onde é melhor você agir de certa maneira se quiser ser aceito. Rejeitando as outras pessoas com seus julgamentos, você estabeleceu no seu subconsciente a mensagem de que só aceitará a si mesmo sob certas condições. Isso leva a um diálogo interior de autocrítica. Pode também trazer de volta para você muitas imagens negativas do mundo exterior, pois, uma vez tendo emitido essas imagens, você criou um caminho para que elas retornem.

Observe as mensagens que você emite para as outras pessoas. Você as aceita de modo afetuoso, sem criticá-las ou rebaixá-las? Sorri para elas? É gentil para com elas, permite que se sintam bem consigo mesmas ou fica parado sem lhes dar atenção? Se as aceita, mesmo que apenas telepaticamente (ou seja, na sua mente), você as ajuda a encontrar o seu ser mais elevado. Você verá que as outras pessoas também o aceitarão de forma mais afetuosa.

Suas crenças sobre a realidade criam a experiência que você tem da mesma.

Isso pode acontecer de forma muito sutil. Se você pensa que as pessoas não o aceitam como é, que deve fazer de tudo para agradá-las, você atrairá esse tipo de pessoas para a sua vida. Talvez você verifique que acaba vendo seus amigos em ocasiões em que eles estão cansados e sem disposição para dar de si. Seja o que for que acredite ser verdadeiro nos seus amigos ou em quaisquer pessoas com quem se relaciona, você criará a experiência dessas coisas. Se disser "esse homem é cordial e afetuoso comigo", você criará isso no seu relacionamento.

Para vivenciar um estado mais elevado de amor-próprio, comece por identificar o que considera verdadeiro quanto ao modo como o mundo funciona. Se pensa que o mundo é frio e sem consideração, ou que precisa trabalhar arduamente para conseguir realizar o que quer que seja, essa convicção é um obstáculo entre você e o amor-próprio. Uma crença é aquilo que você considera ser verdadeiro a respeito da realidade. Você poderá dizer: "É um fato que, quando sorrio para as pessoas, elas sorriem de volta"; mas isso pode ser uma realidade para você e não para os outros. Na verdade, devido a essa crença, você poderá resolver subconscientemente sorrir somente para as pessoas que retribuirão o seu sorriso. Se você acreditar que as pessoas nunca lhe sorrirão de volta, você escolherá automaticamente sorrir para pessoas que nunca lhe darão esse retorno.

Se você quiser experimentar um mundo atencioso e que fortaleça as suas imagens de amor-próprio, comece a observar o que está dizendo a si mesmo a respeito do mundo. Você pode mudar o seu relacionamento com as pessoas e com o mundo alterando as suas expectativas. Costuma-se dizer: "O mundo poderá não ser justo, mas é correto", e isso significa que o que você ganha é precisamente aquilo que espera e acredita que receberá. Se estiver numa profissão na qual "sabe" que é difícil ganhar dinheiro, e disser: "Poucas pessoas ganham dinheiro no meu ramo", você criará isso como um fato para si mesmo. Você sustentará uma certa visão da realidade, e essa será a sua experiência, não apenas a da sua carreira, mas também a de outras pessoas que encontra no mesmo ramo. Tudo o que você precisa fazer é alterar o que espera que aconteça, e o mundo será diferente para você.

Outra qualidade do amor-próprio é o perdão. Talvez você apegou-se a questões antigas, sentindo raiva continuadamente. Talvez tenha sido a irritação consigo próprio, ou com outra pessoa, que o desapontou. O Eu superior sabe o que é perdoar. Se houver alguma coisa à qual está se apegando – raiva, uma ofensa ou um sentimento negativo a respeito de outra pessoa –, você mantém isso na sua aura. A pessoa da qual tem raiva é afetada, mas não tanto quanto você. Tudo o que estiver carregando dentro de você contra outra pessoa permanece na sua aura e age como um ímã para atrair ainda mais coisas do mesmo tipo.

Existe definitivamente uma razão para o perdão, pois ele limpa e cura a sua aura.

O amor-próprio também envolve a humildade, que é a auto-expressão a partir do coração, e não do ego. A humildade afirma: "Estou aberta. Estou disposta a ouvir. Talvez eu não tenha todas as respostas." A humildade é uma das qualidades que lhe permitirão receber mais, pois a humildade implica receptividade. Não significa falta de autoconfiança, mas uma grande porção de fé e confiança em si mesmo.

Somente os que se sentem bem consigo mesmos podem expressar humildade.

Aqueles que agem com muita arrogância ou com fria confiança são os que carecem das reais características que tentam projetar. As pessoas que prezam a si mesmas mostram que são bastante amáveis, generosas e bondosas; expressam sua autoconfiança através da humildade, do perdão e da compreensão. Se você conhece pessoas que aparentam ser muito sábias, mas rebaixam os outros, rejeitam os amigos, fazem as pessoas sentirem-se mal consigo mesmas – por mais elevadas que sejam as suas palavras ou aquilo que ensinam –, pode ter a certeza de que não amam a si mesmas.

Amar o próprio ser envolve fé, confiança, crença em quem você é e uma disposição de agir de acordo com isso. Sentir essa fé e confiança não é suficiente; você precisa experimentá-las no seu mundo exterior. Você é um ser físico, e a alegria está em ver à sua volta as coisas que expressam a sua beleza interior – um jardim, flores, árvores, a sua casa, o mar. Todas essas coisas são recompensas por você confiar em si mesmo, por agir de acordo e por fazer o seu caminho e a sua visão serem seguidos pela ação. O desafio último do amor-próprio é agir de acordo com ele, falar francamente às pessoas, e criar no mundo o seu céu na terra.

Não é suficiente simplesmente conceder e irradiar amor; amar o próprio ser também envolve receber amor. Se você está dando amor às pessoas, mas elas não podem recebê-lo, então o seu amor não tem para onde ir. Você presta a todos um grande serviço dispondo-se a receber o amor delas.

Uma das maiores dádivas que você pode conceder aos outros é abrir-se ao amor que eles têm por você.

Qualquer relacionamento masculino-feminino, ou entre dois homens ou duas mulheres, será bem-sucedido na medida em que cada um puder receber o amor do outro. Mesmo que você esteja dando cem por cento, se a outra pessoa estiver recebendo apenas cinqüenta por cento, o que você está dando a ela é reduzido pela metade. Se o que a pessoa devolve for apenas cinqüenta por cento e você puder receber apenas cinqüenta por cento disso, o que você recebe de volta é apenas vinte e cinco por cento, e assim por diante. O resultado é que ambos sentem cada vez menos o amor do outro. Para sentir um amor maior na sua vida, disponha-se a receber dádivas dos outros, ofertas de amor, amizade e apoio.

Se quiser introduzir o seu Eu superior na sua vida diária e aumentar o seu amor-próprio, tome uma das características da alma e, sempre que tiver um momento livre, pense nela. Algumas delas são: paz, estima, humildade, harmonia, alegria, gratidão, saúde, abundância, liberdade, serenidade, força, integridade, respeito, dignidade, compaixão, perdão, vontade, luz, criatividade, graça, sabedoria e amor. Tomando essas qualidades e refletindo ou meditando sobre elas, você as magnetizará na sua aura, fará com que aumentem e atrairá para você o reconhecimento delas pelas outras pessoas. Seja o que for que você pense, assim você é. Se a cada dia você tomar uma das qualidades do Eu superior, ponderar sobre ela e identificar-se com ela, criará isso como uma experiência de si próprio.

O amor-próprio implica o respeito ao ser e o viver num propósito mais elevado. Quando você valorizar a si mesmo, ao seu tempo, ao seu amor e à sua visão, os outros também o farão. Antes de encontrar seus amigos, pergunte a si mesmo qual o propósito mais elevado que podem criar em conjunto. Você já esteve na casa de alguém, na verdade querendo sair, mas hesitando por não querer ferir os sentimentos da outra pessoa? Se isso aconteceu, você valorizou mais a ela do que a si próprio. Esteve transmitindo a ela telepaticamente a mensagem de que ela não precisava respeitar o seu tempo ou você, e não admira que ela não dê valor a você depois de algum tempo. Sempre que você valorizar e respeitar a si mesmo, dizendo quem você é realmente e agindo de modo apropriado, não é só você quem evolui, mas ainda ajuda os outros com o seu exemplo. A incapacidade de dizer "não" às pessoas reflete uma visão de mundo de que os sentimentos dos outros são mais importantes que os seus, de que os direitos delas são mais significativos e devem ser considerados em primeiro lugar. Agindo assim, você cria bloqueios de energia no seu interior, dando apoio ao ressentimento, à raiva e à mágoa, que então permanecem na sua aura e atraem ainda mais coisas desse tipo.

O amor-próprio provém do coração e implica a capacidade de ser gentil e de dar amor incondicional às outras pessoas. Algumas pessoas pensam que amor-próprio significa agir com decisão e usar a vontade de modo agressivo, negando os direitos dos outros. Você tem visto pessoas que conseguem o que querem e não se importam com o que causam às outras pessoas.

Você as chama de desumanas. Muitas vezes, de modo semelhante você pode estar sendo agressivo consigo mesmo, quando uma parte de você domina e controla as outras partes.

Às vezes a vontade age como se fosse uma inimiga, tentando forçá-lo, dirigi-lo ou levá-lo a fazer certas coisas. Ela poderá impor-se a você, como se fosse um de seus pais. Para tornar as coisas ainda piores, você poderá pensar que aquilo que a sua vontade o está forçando a fazer é para o seu bem. Por exemplo, talvez você se repreenda constantemente por não ser mais organizado, ou por não começar algo que está postergando. Talvez você faça grandes listas de coisas a serem feitas, e então se sinta mal se não as fizer. Isso é dar razão à vontade e achar que o seu outro ser está errado, o ser que está resistindo à direção da vontade. Nesse caso, você está usando a sua vontade contra si mesmo. É bem possível que o seu Eu superior tenha criado a resistência para resguardá-lo de fazer certas coisas, e que o esteja dirigindo para outras portas.

Caso seja usada em conjunção com o coração, para ajudá-lo a seguir um caminho de que você goste, a sua vontade pode ajudá-lo a aumentar o seu amor-próprio. A vontade pode dirigir o foco de sua concentração. Quando está ligada àquilo que você gosta de fazer, suas possibilidades são infinitas e você pode transcender todos os limites. Já notou que quando você gosta de fazer algo, digamos, o seu passatempo predileto, você pode trabalhar horas a fio e pode facilmente dizer não às distrações? A vontade é uma força semelhante a um rio com o qual você pode fluir ou contra o qual pode tentar nadar. Você pode usá-la para acenar-lhe e convidá-lo a iniciar o seu caminho mais elevado ou para puni-lo constantemente por aparentes transgressões. Qual o sistema que o motiva? Sua vontade está ajudando você a aumentar o seu amor-próprio através da concentração no seu caminho de objetivos mais elevados, e a criar a intenção e a motivação para a ação?

Em último lugar, mas nem por isso o menos importante, não se leve tão a sério.

Ria e divirta-se. Não é o fim do mundo se algo não dá certo. O bom humor talvez seja uma das maiores portas para o amor-próprio. A capacidade de rir, de sorrir para as outras pessoas e de colocar seus problemas em perspectiva é um talento evoluído. As pessoas que agem a partir de um alto nível de amor-próprio são, muitas vezes, cheias de humor, possuem grande perspicácia e gostam de provocar a jocosidade infantil nos outros. Elas estão dispostas a ser espontâneas, freqüentemente encontram razões para sorrir, são capazes de deixar os outros à vontade e de ser, elas mesmas, felizes.

Na próxima semana, ao observar as pessoas com quem você se relaciona, pergunte a si mesmo (e sem julgamento): ''Essas pessoas amam a si próprias?'' Se estiver sentindo dificuldade com elas, observe a área dos problemas e pergunte-se: ''Elas se amam nessa área?'' Transmita-lhes compaixão, para que a usem de modo a criar o seu bem mais elevado, e desfrute o amor que acabou de irradiar na medida em que ele retorna a você, para usá-lo para o seu bem maior.

A ARTE DO AMOR-PRÓPRIO

EXERCÍCIOS

1 – Como você poderia saber se estava agindo ou pensando de um modo amável para consigo mesmo?

2 – Como seria o dia de amanhã se tudo o que você fizesse fosse um ato de amor-próprio?

3 – Como seriam as suas ações se você amasse a si mesmo nas seguintes áreas: no seu corpo físico, no seu relacionamento íntimo, no seu emprego ou na sua carreira?

4 – O que você faria amanhã se amasse a si mesmo nos seus relacionamentos, no seu emprego e no seu corpo físico? Anote três atitudes específicas que adotaria para cada uma dessas três áreas.

VI

Auto-respeito, auto-estima e autovalorização

O requisito para sentir-se bem não é o mesmo para todas as pessoas. O que você precisa para alimentar a sua auto-estima não é necessariamente o que outra pessoa precisa. É importante descobrir o que faz você se sentir valioso, confiante e feliz em ser quem você é.

O auto-respeito, nos níveis mais elevados, provém do respeito que você tem pela sua alma. Isso significa falar e agir num nível de integridade e honestidade que reflita o seu Eu superior. Significa sustentar aquilo em que acredita (todavia, você não precisa convencer os outros a acreditar nisso) e agir de um modo que reflita os seus valores. Muitos de vocês criticam os outros por não viverem de acordo com o sistema de valores que consideram corretos, mas, numa análise mais profunda, poderão não estar vivendo assim vocês próprios. Você já deve ter visto pessoas que sempre dizem aos outros como devem agir, e elas mesmas fazem tudo o que lhes agrada. Auto-respeito significa agir de acordo com seus valores e com aquilo que você admite acreditar.

Muitos de vocês têm um conjunto de valores nos quais afirmam acreditar, mas agem a partir de um outro conjunto de valores. Isso leva a muitos conflitos internos. Por exemplo, no seu íntimo, talvez você acredite na monogamia, mas a pessoa com quem você está lhe solicita um relacionamento mais aberto. Você decide continuar, pois quer manter esse parceiro. Você acredita num conjunto de valores, mas está vivendo de acordo com outro, o que criará muitos conflitos e sofrimentos em torno do assunto.

Como você pode saber se os valores segundo os quais "pensa" que quer viver são seus? Muitas vezes, não poderá sabê-lo enquanto não tentar. Você poderia pensar que uma pessoa de bem sempre acorda cedo, pela manhã; mas você sempre dorme até tarde. Muitos de vocês têm valores segundo os quais pensam que deveriam viver, mas não o fazem. O melhor a fazer é submeter esses valores a um teste – levantar-se cedo por algum tempo. Freqüentemente, aquilo que você pensa que são os seus valores se transformam em "deveres" que lhe foram transmitidos pelos outros e, quando efetivamente os experimenta, verifica que não se adaptam a você. Pergunte a si mesmo o que você valoriza. O que pensa que as pessoas "de bem" fazem? Você está adotando esses valores? É difícil sentir-se bem consigo mesmo se você não está vivendo de acordo com os seus valores básicos. É importante que você examine os seus valores e que viva segundo eles, ou que os mude.

Auto-respeito significa mostrar a sua força e não a sua fraqueza.

Ao se queixar de que alguém ou de que algo o está deixando triste ou furioso, pergunte a si mesmo: "Por que estou optando por sentir isso ou por reagir dessa maneira?" Culpar os outros sempre enfraquecerá o seu poder. Se você puder descobrir a razão pela qual está optando por se sentir ferido pelo que os outros fazem, aprenderá muito a respeito de si mesmo. Alguns de vocês temem que, ao se imporem, perderão o amor da outra pessoa. Algumas pessoas sabem muito bem convencê-lo de que está errado quando sustenta suas crenças. Agradeça-lhes, no seu íntimo, por lhe proporcionarem a oportunidade de tornar-se forte, pois muitas vezes a força é desenvolvida no defrontar com a oposição. Auto-respeito significa sustentar as suas verdades mais profundas e conhecer os seus sentimentos mais íntimos. Significa tornar a si mesmo, e não a um outro, a autoridade dos seus sentimentos.

Alguns de vocês vivem ou estão associados com pessoas que os desprezam e que o fazem sentir-se inadequado. Você pode chegar ao ponto de se concentrar tanto nos sentimentos dessas pessoas que acaba por perder a pista dos seus próprios sentimentos. Certa mulher estava casada com um homem que constantemente a fazia sentir-se errada e que criticava muito do que ela fazia. Ela fixou-se tanto nos sentimentos dele que nunca se perguntou, durante todos os anos em que viveram juntos, como "ela" se sentia em relação ao modo como ele a tratava. Ela estava sempre esforçando-se por agradar a ele, tentando prever seus humores e caprichos, de modo a não se sentir inadequada. Entretanto, tudo o que ela tentava acabava por deixá-lo furioso. Ela começou a sentir que havia falhado ou que, de algum modo, era uma pessoa má. Ela havia passado tantas horas analisando os sentimentos dele que perdeu o contato com os seus próprios sentimentos. Muitos de vocês tentam agradar às pessoas e, na medida em que o fazem, concentram-se mais no sentimento delas do que nos seus próprios sentimentos.

Autovalorização significa prestar atenção ao modo como você se sente. Você não precisa de motivos para se decidir a fazer algo. Não precisa provar nada a uma outra pessoa em relação ao seu valor. Valorize os seus sentimentos; não os analise nem questione. Não pense neles continuadamente, perguntando a si mesmo: "Tenho realmente uma razão para me sentir magoado?" Deixe que os seus sentimentos sejam reais para você e respeite-os. Às vezes você faz das outras pessoas uma autoridade. Quando elas lhe dizem que você está mal, você acredita nelas. Quando lhe dizem que tudo é por culpa sua, acredita nelas. Também não estou sugerindo que ignore o que as outras pessoas dizem, mas que, em vez disso, respeite o que "você" sente sobre o assunto. Estar aberto à crítica construtiva é uma coisa; tentar constantemente fazer o que os outros querem que você faça, quando você não o quer, é outra. Criar auto-estima, valorizar-se, significa honrar os seus próprios sentimentos, o seu caminho e a sua direção. Significa respeitar a si mesmo, com as suas palavras, as suas ações e o seu comportamento.

Auto-estima significa dar crédito a si próprio, sabendo que fez o melhor que podia fazer, mesmo que dois dias depois pudesse encontrar uma maneira melhor. Significa sentir-se a pessoa certa e não o contrário, e permitir a si mesmo sentir-se bem a respeito de quem você é. Alguns de vocês se esforçam demais o tempo todo, correndo para todos os lados e sentindo que, seja o que for que façam, não é o suficiente. Esforçar-se e trabalhar arduamente para fazer as coisas não é necessariamente o caminho para a alegria. Respeite a si mesmo obedecendo ao seu fluxo interior. Descanse, divirta-se, pense, e reserve um tempo para ficar quieto. Fazer as coisas que o estimulam são modos de aumentar a sua auto-estima.

Como você trata a si mesmo é como os outros o tratarão.

Não espere que os outros o respeitem ou que o tratem de um modo mais positivo. Não o farão até que você trate a si mesmo com respeito. Você não precisa estar na companhia de pessoas que não o estimam, não o respeitam ou não o tratam bem. Caso se encontre no meio desse tipo de pessoas, proceda com dignidade e lembre-se de que elas não o respeitam por não respeitarem a si mesmas. Você pode enviar telepaticamente uma mensagem de como quer ser tratado. Os outros só se aproveitarão de você e considerarão tudo como normal se você permitir.

Você não precisa ficar zangado ou exigir seus direitos, pois isso apenas cria um conflito de poder entre você e os outros. É provável que eles não sejam capazes de reconhecer o Eu superior deles próprios e, assim, não lhes é possível respeitar o seu. Você não quer que a sua auto-estima seja baseada na forma como os outros o tratam ou o consideram. Não importa o quanto você se sinta bem a respeito de si mesmo, haverá sempre aqueles que não o tratam de maneira respeitosa, pois não aprenderam a tratar a si mesmos com amor. Os relacionamentos que você mantém com os outros podem ser, no máximo, tão bons quanto os relacionamentos que eles mantêm consigo próprios. Se não souberem amar a si próprios, isso fixa o limite máximo em que podem amar você. Por mais que você se esforce, que faça coisas bonitas, não lhe podem dar o amor que você procura. O perdão é a solução para você se sentir bem quanto à forma como os outros o tratam. Em seguida, liberte qualquer rancor que possa estar sentindo, simplesmente deixando que se vá, e concentre-se em outras coisas.

Alguns de vocês sentem que seus pais são os responsáveis pela sua falta de auto-estima. Você não pode culpar os seus pais, pois foi a sua reação a eles que criou toda a falta de confiança. Duas crianças poderão ser filhas de pais que as maltratam, ou que agem de forma negativa, e uma delas crescerá sentindo-se bem consigo mesma, enquanto a outra não. É você quem toma a decisão de se sentir mal. Em vez de se sentir infeliz com relação à sua infância, ou de se sentir vítima da sua formação, compreenda que você escolheu colocar-se nessa situação para aprender algo que ajudaria o crescimento da sua alma. Talvez você diga: "Mantenho um padrão de homens que me maltratam por causa do meu pai, que me maltratava." Você veio à terra para aprender algo sobre o amor e, se não o aprender com o seu pai, escolherá homens de padrão semelhante para ensinar-lhe aquilo que você precisa aprender. Por exemplo, talvez você tenha visto o seu pai como um homem que a maltratou, verificando então que atraiu tipos semelhantes de homens, até que um dia decidiu que não seria mais tratada dessa maneira. Uma das lições que chegou a aprender nesta vida poderá ter sido a de amar e respeitar a si mesma e, assim, criou situações nas quais foi desafiada a proceder dessa forma. Assim que se decidiu a fazê-lo, o problema terminou.

Cada situação da sua vida é
uma experiência de aprendizagem
criada pela sua alma para ensiná-lo a
conseguir mais força e amor.

As crianças reagem de modos diferentes à mesma educação; basta observar como são diferentes os irmãos e as irmãs, mesmo sendo filhos dos mesmos pais. Algumas crianças reagem à energia negativa à sua volta mostrando-se amáveis e gentis. Outras são tão sensíveis que não suportam sentir a energia negativa e fecham a parte delas que as faz sentir. Outras, ainda, reagem sentindo que precisam ser duras, e assumem uma imagem exterior de invulnerabilidade. A auto-estima nasce do desejo de reconhecer quem você é e de amar a si mesmo como você é neste momento. É difícil mudar, até que você aceite quem você é. Quando você respeita a si mesmo e aos seus sentimentos, os outros não podem afetá-lo.

Você é uma pessoa valiosa, não importa o seu passado, os seus pensamentos e quem acredita ou não em você. Você é a própria vida, crescendo, expandindo-se e desejando elevar-se. Todas as pessoas são valiosas, bonitas e únicas. Toda a experiência que tiveram foi para ensinar-lhe mais sobre a maneira de criar amor nas suas vidas.

Existe uma diferença bastante sutil entre respeitar a si mesmo e ser egoísta. Alguns de vocês sentem que têm todo o direito de ficar zangados com os outros por terem sido magoados. Respeite os sentimentos alheios, mas faça-o de tal maneira a também respeitar os seus sentimentos. Para conseguir isso, você precisará agir a partir de um alto nível de linguagem e pensamento. Falar da sua raiva, vociferar e gritar só o coloca em conflito de poder com outra pessoa e fecha o coração de ambos. Quando uma pessoa fizer algo que você desaprova, abra o seu coração antes de falar. Se decidir fazer uma afirmação, ofereça-a como algo que você sente, não como algo feito por alguém. Você poderá dizer: "Sinto-me magoado", em vez de dizer: "*Você* me magoou." Uma maneira positiva de dizer isso é: "Estou optando por me sentir magoado." Cada sentimento que tem é escolha sua.

Autovalorização é saber que você está escolhendo os seus sentimentos a cada momento.

Quando você se comunica com as outras pessoas respeitando o ser mais profundo delas, você sempre se sentirá melhor consigo mesmo. Talvez você tenha notado que, quando põe alguma coisa para fora do peito expressando raiva ou mágoa, freqüentemente você se sente pior depois disso. No mínimo, houve um sentimento de algo incompleto. Você só poderá sair de uma situação quando fizer isso com amor. As situações das quais você sai sentindo raiva estarão ali para que as resolva no futuro. Pode não ser com a mesma pessoa, mas você criará uma outra pessoa e uma situação semelhante para permitir que você a resolva com paz e amor.

É importante respeitar os outros. Se você não se sente respeitado é possível que se tenha colocado nessa situação para aprender a ter compaixão e gentileza na *sua* maneira de tratar as outras pessoas. Ser sensível aos sentimentos das outras pessoas é diferente de tentar agradá-las. Disponha-se a perceber suas necessidades e desejos. Você costuma falar rapidamente com os outros, sem prestar atenção aos sentimentos deles? Fala com aborrecimento ou irritação? Atente para a energia que emite aos outros, pois, seja o que for que emitir, receberá isso de volta. Conscientize-se mais dos efeitos que provoca nas outras pessoas, pois, quanto mais as respeitar, mais respeito você receberá. Valorize as pessoas, respeite o seu tempo e os seus valores, e verificará que elas respeitarão os seus.

Algumas pessoas respeitam as outras o tempo todo e sentem que não recebem de volta aquilo que dão. Nesse caso, muitas vezes não sentem que merecem ser bem-tratadas e permitem que as pessoas admitam isso como natural. É fácil você se respeitar quando os outros à sua volta o estão respeitando. O desafio é respeitar-se quando os que estão à sua volta não o fazem. Antes de tudo, perdoe-os, e então livre-se de qualquer necessidade de que o valorizem. Se você precisa ser valorizado pelos outros para se sentir bem consigo próprio, você enfraquece o seu poder.

É bom quando os outros acreditam em você, confiam em você e o apóiam. Contudo, se quiser ser poderoso, é importante não "precisar" que outras pessoas o façam como condição para você acreditar em si mesmo. A necessidade de constante valorização faz com que as outras pessoas se transformem em autoridades, e não o seu próprio ser mais profundo. Sua verdade poderá não ser a mesma das outras pessoas. A única coisa errada é você não respeitar a sua própria verdade e aceitar o que é verdadeiro para outra pessoa, mesmo que não corresponda à sua verdade. Algumas pessoas acreditam na reencarnação, outras não. Pode ser que a crença na reencarnação lhes torne a vida mais alegre e mais fácil de viver. Pode ser que a crença de que não existem outros tempos de vida torne a vida presente mais importante e real. Seja qual for a crença que você sustenta, é importante que a respeite e que esteja aberto para novas maneiras de ver as coisas caso criem mais alegria na sua vida. Não aceite automaticamente qualquer coisa, a não ser que lhe pareça verdadeira. Respeite a sua verdade, acredite em si mesmo e assuma a sua responsabilidade, mas tenha compaixão pelos outros.

Lembre-se de que você é valioso, de que é importante e de que tem uma contribuição única e especial a fazer ao mundo. Saiba que você é um ser especial. Seus sonhos, fantasias e objetivos são tão importantes quanto os de qualquer outra pessoa.

AUTO-RESPEITO, AUTO-ESTIMA, AUTOVALORIZAÇÃO

EXERCÍCIOS

1 – Pense numa situação que parece que você está vivenciando repetidamente com as pessoas. Anote-a aqui:

2 – Fique calmo, descontraído e aprofunde-se no seu interior. Peça ao seu ser mais profundo, mais sábio, que lhe mostre o que está aprendendo com isso. De que forma isso está lhe ensinando a respeitar e a amar mais a si mesmo?

3 – Que qualidades da alma você está desenvolvendo a partir dessa situação? Por exemplo, você poderá estar desenvolvendo a qualidade da compaixão, da honestidade, do falar a sua verdade mais profunda, da paz, do amor-próprio, da humildade, da inocuidade, do assumir a responsabilidade pelo que faz, etc.

VII

Aprimorando o ego – reconhecendo quem você é

É importante reconhecer quem você é, sem ser por demais egoísta ou humilde. É o problema duplo de ser tudo o que você pode ser. Muitos de vocês não desenvolveram um modelo de poder ao qual gostariam de se igualar. Muitas de suas imagens e modelos de personagens poderosas provêm de pessoas que abusaram e fizeram mau uso da sua influência. Portanto, muitos de vocês se abstiveram de usar o seu poder porque as imagens que mantêm dele são negativas.

É importante desenvolver imagens positivas sobre a natureza do poder.

Muitos de vocês são bastante evoluídos, têm muita visão e sabedoria interior e estão procurando meios de expressar isso no mundo exterior. Aprenda a expressar a diferença entre as pessoas que são verdadeiramente influentes e plenas de luz e aquelas que apenas vestem o manto do poder. Essa habilidade irá ajudá-lo no caminho da alegria, pois também o ajudará a reconhecer a sua própria nobreza. Pense agora numa pessoa que considera poderosa, seja homem ou mulher. O que você admira nessa pessoa? Você conhece pessoas de muita autoridade e, contudo, quando está com elas, se sente depreciado, ignorado ou rebaixado. Falo das pessoas que aparentam estar numa posição de poder e controle e que têm muita gente à sua volta. Direi que o verdadeiro poder é a capacidade de motivar, de amar, de encorajar e de ajudar as pessoas a reconhecerem quem elas são.

Pense agora em pessoas que conheceu e que mudaram a sua vida. Havendo-as conhecido, você se sentiu inspirado e evoluído. Pense em como elas usaram a sua influência. É importante reconhecer as pessoas que são plenas de luz, pois elas surgem sob muitas formas e aparências. E também chegou a hora de perceber quais as pessoas que não o estão levando para um caminho de mais luz e alegria. Se puder identificar claramente as pessoas que se preocupam com o seu bem maior, se conseguir cercar-se delas, você crescerá com mais rapidez e terá muito mais a oferecer aos outros.

As pessoas evoluídas são almas bastante gentis. Algumas almas evoluídas ainda não reconhecem quem são, e poderão ser muito humildes. Na maioria das vezes, elas são generosas, prestativas e amigas. Pode parecer que elas não podem fazer o suficiente por você. Estou falando de um certo nível de desenvolvimento no qual a personalidade ainda não conhece o nível da alma. Muitos de vocês são demasiado humildes, vestindo ainda o disfarce da incerteza, da admiração com quem realmente são. Você, que é tão bondoso e amável, está cheio de luz e tem muito que oferecer ao mundo. É importante que retire o véu, pois ele impede que você sirva numa escala maior. Ao dar atenção às suas dúvidas e temores, àquela pequena voz que diz: "Você não é suficientemente bom", você está simplesmente dando atenção ao seu eu inferior. Você possui a capacidade de mudar o seu ponto de concentração.

Preste atenção à sua natureza superior e a inferior simplesmente enfraquecerá por falta de atenção.

Você não precisa prestar atenção às vozes do seu interior que criam sofrimento, ou que fazem você se sentir menos competente, hábil ou capaz. Você pode simplesmente agir como se essa parte de você fosse uma criança pequena: segure-a, tranqüilize-a e prossiga. Não deixe que essas vozes prendam em demasia a sua atenção, e também não pense que elas são você. Aprenda a não dar atenção às pequenas vozes do seu interior, empenhadas em diminuí-lo.

A grandeza fundamental da sua alma está em dar expressão ao que você faz. Que qualidades ou traços de personalidade você gostaria de possuir? Quais os traços de caráter que já possui e com que se sente bem? Reconheça que as qualidades que gostaria de ter você já as possui. Você está simplesmente procurando por uma expressão ampliada delas na sua vida.

Existe uma linha divisória sutil entre o egoísmo e a humildade. Andar nessa linha leva o equilíbrio à expressão do poder. Você costuma vangloriar-se do que faz? Sai por aí querendo contar às pessoas quando realizou algo grande? Ou presta atenção às pessoas, de ouvidos abertos, colocando as suas façanhas de lado? A tendência a acentuar ou exagerar o que você faz pode criar problemas. Você costuma ensaiar o que vai dizer a outra pessoa sobre algo maravilhoso que realizou? Existe uma diferença entre agir com confiança e agir com vaidade.

Caso sinta que fez, ou que está fazendo, algo grande ou fora do comum, você está enviando uma mensagem ao seu subconsciente, dizendo-lhe que essa não é uma façanha normal. Se quiser enriquecer com mais realizações grandes a sua vida, faça-o sem esforço, quando acontecem. (Congratule-se, mas faça-o como se fosse algo que acontece todos os dias.) Por exemplo, alguns de vocês fazem dieta. Quando obtêm sucesso por um ou dois dias, dirão a si mesmos como se saíram bem. Desse modo, transmitem ao subconsciente a idéia de que essa é uma ocorrência extraordinária e não um fato normal. Se você quer mudar seus hábitos nutricionais e ingere alimentação sadia por um ou dois dias, em vez de sentir que realizou uma grande façanha, considere-o como algo que faz todos os dias. Faça-o sem esforço. Você começará então a estabelecer a visão da alimentação sadia como um modo normal de existência. Mais tarde, porém, quando já for uma pessoa estabelecida, não hesite em se sentir bem em relação à mudança conseguida.

Existem ocasiões em que você precisa congratular-se muito mais do que normalmente o faz. Esse é o outro lado: não vaidade demais, mas falta de vaidade. Alguns de vocês atingem suas metas e nunca param para reconhecer-se ou congratular-se consigo mesmos; simplesmente se concentram na próxima coisa que devem fazer. Não têm percepção das próprias conquistas e não dão a si mesmos o reconhecimento pelo que conseguem fazer.

É importante tornar-se consciente da atenção que dá a quem você não é. Você poderá dizer: "Preciso fazer isto ou aquilo. Por que sou sempre tão desorganizado, tão distraído?" Saiba que, quando você pensa que lhe faltam certas qualidades, você leva essas faltas para o seu interior.

Seja o que for a que você dê atenção,
isso é o que você cria.

Se você gasta seu tempo sentindo-se mal com relação a algo que fez, sentindo que não foi convincente ou que não disse a coisa certa, ou se se concentra nas coisas que você não é, você aumenta o poder dessas coisas sobre si. Em vez disso, reconheça as qualidades que possui. Concentre-se nas coisas que você quer vir a ser e lembre-se das ocasiões em que demonstrou essas qualidades. Quanto mais enxergar em si próprio aquilo que você quer vir a ser, mais facilmente o conseguirá. Se disser a si mesmo: ''Não tenho força de vontade, nunca conseguirei essas coisas'', estará simplesmente irradiando essa energia para o futuro. Se, por outro lado, você começar a dizer a si mesmo: ''Gosto da maneira como ajo com as pessoas; tenho tanta força de vontade, sou tão concentrado'', experimentará uma nova energia surgindo do seu interior. Você verá que está se tornando aquela qualidade com a qual você sonha. Cada vez que você tem uma imagem negativa de si mesmo, dizendo coisas como: ''Nunca consigo fazer nada, não tenho tempo suficiente'', você transmite uma imagem ao mundo, proclama essa qualidade e cria essa circunstância na sua vida. Se disser coisas positivas a seu respeito, também as conseguirá.

Almas bastante iluminadas e evoluídas sabem como mostrar sua grandeza e poder sem criar ação defensiva, mas devoção. Se você quer que as pessoas o respeitem e considerem, saiba que isso não acontecerá enquanto andar por aí contando a todos como você é grande. Você tem visto pessoas que fazem isso; elas convidam os outros a atacá-las. Você também tem visto pessoas realmente evoluídas, que sorriem, que reconhecem a grandeza das outras pessoas e que cuidam sempre de assistir e ajudar. Esse é o verdadeiro poder. Ele provém da imagem interior que você mantém de si mesmo. Você não precisa dizer às pessoas se está calmo ou concentrado; elas sabem. A comunicação é telepática.

As imagens que você emite para o mundo a respeito de si próprio determinam o modo como os outros o vêem.

Se você andar por aí contando às pessoas algo a respeito de si mesmo e que, no seu íntimo, você sente que não é verdadeiro, as pessoas também sentirão isso. Por outro lado, se você sabe que tem uma qualidade ou um traço de personalidade especial, em todo lugar onde estiver as pessoas o reconhecerão e o apoiarão por isso, mesmo que você não lhes diga nada a respeito.

Um ego refinado tem a habilidade de se dar bem com as outras pessoas e de ajudá-las a ver a própria grandeza e poder. A competição muitas vezes provém de pessoas que não sabem quem são, e que não têm a confiança básica em sua grandeza interior. Isso se deve à falta de segurança. Quando você está realmente seguro, quando conhece e sente tudo o que está à sua disposição, não há necessidade de competir. Em vez disso, você ajudará os outros a criarem abundância em suas vidas, seja na forma de dinheiro, de amor ou de sucesso. Você vai querer ajudar os outros a descobrirem quem são, pois você tem tudo o que necessita, além de reconhecer quem você é.

Quando está com os seus amigos, você fica preocupado com o que eles pensam de você? Se quer que o respeitem e considerem, passe algum tempo ouvindo o que dizem. Ajude-os a se concentrarem no seu bem mais elevado; ajude-os a verem sua beleza, sua luz interior. As pessoas realmente evoluídas não estão preocupadas com a impressão que causam. Estão mais interessadas na pessoa que está com elas do que em si mesmas. Elas descobrem que o seu sentimento de paz interior aumenta.

Muitos de vocês tiveram medo de afirmar o seu poder por causa dos seus erros e das imagens negativas de poder.

Existe uma necessidade de mais mentores e líderes que sejam exemplos de autoridade positiva. Muitos dos seus grandes líderes espirituais surgiram para mostrar novas imagens de poder, de um poder refinado. A pessoa de influência é aquela que pode dirigir a sua vontade para o bem mais elevado; esse é o verdadeiro poder. A pessoa que está preocupada em ajudar e curar os outros está demonstrando poder. Mesmo quando as pessoas dizem palavras profundas e falam de coisas sábias, se você não sentir que cresce e progride quando está junto a elas, como se tivesse obtido acesso a um nível mais profundo do seu ser, você não sabe o que é o verdadeiro poder.

Se você quer que as pessoas à sua volta experimentem o seu poder e reconheçam quem você é, ouça-as com o coração e não se preocupe com a impressão que está causando a elas. Cuide delas e ouça o que elas dizem. Preste atenção com o seu coração e pense num modo de aumentar a consciência e a energia delas. O verdadeiro poder pode ser visto nos olhos. Existe muito amor nos olhos das pessoas realmente poderosas, que o encaram de frente. Elas não evitam os seus olhos, mas fixam-nos francamente. Você sente que elas realmente se preocupam com você. Elas prestam atenção ao que você está dizendo. Você também transmite esse tipo de consciência alerta às pessoas? Você presta atenção? Você olha em seus olhos quando fala com elas? Você ouve o que elas dizem ou está ocupado na construção de sua resposta ou pensando numa defesa? Sua mente divaga com freqüência para outras coisas enquanto as pessoas estão falando? Preste atenção com o coração, ouça as palavras não pronunciadas, pois todos esses são meios de desenvolver o seu poder.

Olhe para as pessoas que são amáveis e gentis, que fazem tudo o que podem por você ou que lhe dão o máximo de seu amor. Conheça mais pessoas desse tipo; atraia-as para você. Você já deve ter ouvido a expressão: "Os humildes herdarão a terra." Isso significa que o poder se expressa através da humildade. As pessoas realmente poderosas são as mais humildes. Não tentam impressionar, nem procuram ser influentes. Elas simplesmente existem. São, muitas vezes, muito caladas e concentradas, conscientes do núcleo do seu ser. Sabem que tudo no universo exterior é simplesmente um símbolo do seu mundo interior. Elas estão entregues ao seu destino e muitas vezes têm à sua volta pessoas que as procuram para ouvir seus conselhos. As pessoas se sentem recarregadas e regeneradas na sua presença. Elas não tentam convencer ninguém a respeito de nada; apenas convidam e oferecem. Nunca persuadem nem usam de manipulação ou de agressividade para seguir seu caminho. Elas ouvem. Se houver algo que possam oferecer para ajudá-lo, oferecem-no; caso contrário, permanecem em silêncio.

Na próxima semana, observe os mentores que você escolheu e redefina o que é poder na sua vida. Veja-o como um rio de energia fluindo suavemente, dirigido pela alma. Torne-se consciente de quem você é. Transmita ao universo imagens positivas e amáveis de você mesmo, e observe a reação das pessoas. Disponha-se a usar suas qualidades mais elevadas e reconheça as suas capacidades.

APRIMORANDO O EGO – RECONHECENDO QUEM VOCÊ É

EXERCÍCIOS

1 – Pense em duas pessoas que você sabe que realmente causaram uma diferença na sua vida, que o encorajaram, amaram e motivaram, ou que o fizeram sentir-se inspirado e evoluído.

2 – Pense em duas pessoas para as quais você fez a mesma coisa. Veja-se como possuidor das qualidades que inspiram, motivam, encorajam e fazem os outros evoluir.

3 – Que qualidades ou traços de caráter você possui e gostaria de poder expressar em maior grau, tais como a compaixão, a sabedoria, a paz, a alegria, o equilíbrio e a segurança? Anote abaixo tantas quantas puder imaginar, e escreva cada uma como se ela estivesse crescendo e se expandindo. Por exemplo: "Minha compaixão está se expandindo a cada dia."

4 – Selecione uma pessoa ou situação para praticar a expressão de uma dessas qualidades, nesta semana.

VIII

Subpersonalidades – a união dos eus separados

As várias funções e identidades que cada um de vocês possui podem ser chamadas de suas "subpersonalidades". Esses papéis existem em todos vocês. Por exemplo, pode haver uma parte sua que é impulsiva e faz as coisas sem pensar, e outra parte que é cuidadosa, cautelosa. Pode haver uma parte que não gosta que os outros fiquem zangados com você, ou que quer que as pessoas precisem dela. Pode haver uma parte sua que é medrosa ou cria temores a respeito do futuro, ou uma parte obsessiva que recorda situações de sofrimento, atraindo sua atenção para elas o tempo todo. Cada uma dessas partes, na jornada pela vida atual, está sendo levada a um nível mais elevado de conhecimento e compreensão.

Aprender a não se identificar com as suas subpersonalidades como se fossem o seu verdadeiro ser liberta-o e ajuda-o a trazê-la para a luz. A jornada para o Eu superior é a integração de todos os eus, ou subpersonalidades, com a alma. A voz que lhe diz que você não pode fazer algo não é a voz do Eu superior. É simplesmente uma parte sua que precisa ser reconhecida e amada e que precisa ser mostrada à sua visão superior.

Esses seres que existem no seu interior podem ser curados e integrados com a sua visão superior. Talvez tenham sido criados durante tempos de crise, ou baseiam suas imagens da realidade e seus programas de instrução em quadros que lhes foram passados pelos seus pais ou amigos. Por exemplo, digamos que você venha atraindo para a sua vida o que sente que são relacionamentos errados. Talvez exista um ser que lhe esteja trazendo relacionamentos baseados numa imagem antiga. Talvez os seus pais o tenham rejeitado, de algum modo, e então uma subpersonalidade formou uma imagem de rejeição como um componente do ser amado. Essa subpersonalidade poderá ser muito boa para trazer-lhe amigos – e então você deve reconhecer que ela está tentando fazer algo positivo para você, mesmo que seus amigos, em algum aspecto, o rejeitem. Você não precisa se sentir incapaz pelo fato de ter um padrão que está criando continuamente, pois a purificação desse padrão é um dos meios de evoluir. É chegada a ocasião de trazer esse ser à sua consciência, de falar-lhe e de dar-lhe uma nova imagem do tipo de amor que você quer. Você pode ter um ego que acredita na escassez – que não há uma quantidade suficiente de homens, ou de mulheres, ou de amor, de dinheiro, etc. Seria bom falar com essa parte sua, mostrando-lhe imagens de abundância.

Pense por um momento: se você tivesse apenas seis meses de vida, qual seria a coisa mais importante que você gostaria de terminar para deixar como um legado? O que você mudaria na sua vida, de imediato? Quais os limites atuais que você ultrapassaria? Se fosse para deixar como herança um presente ao planeta, qual seria?

Você tem uma parte que supervisiona e observa as suas outras partes – o seu Eu superior.

O maior movimento que se pode fazer em direção ao Eu superior tem dois aspectos: reconhecer o Eu superior e fazer evoluir todas as outras partes. Suas subpersonalidades são simplesmente partes do seu eu que não estão sintonizadas com o seu Eu superior. Você pode facilmente mudar as imagens que essas partes estão mantendo se prestar atenção, primeiro, às vozes oriundas do seu interior. Quando você ouve um certo padrão de pensamento, como a voz que é indecisa, por exemplo, comece a vê-lo como uma parte sua que está solicitando a ajuda da sua alma, uma parte à qual você precisa mostrar novas imagens e sistemas de crenças. Você pode reagir a qualquer uma das vozes que sabe que não são do seu Eu superior ouvindo-as e falando-lhes, contando-lhes sobre a sua visão superior. Elas simplesmente não sabem que mudou o modelo pelo qual você está criando a realidade.

O que é esse propósito mais elevado, essa visão superior? Todos vocês encarnaram não só para atingir certos níveis de evolução, mas para ajudar o planeta, para estarem aqui como pessoas que contribuem para o bem-estar da humanidade. Quando as coisas acontecem sem esforço e as portas se abrem, é porque, além de estar no seu caminho mais elevado, você o está entrelaçando com a visão superior da humanidade. Você está aqui para fazer evoluir certas qualidades em si próprio e para manifestar o seu propósito mais elevado. Você pode saber quais são essas qualidades observando os tipos de desafios que continuamente se apresentam a você. Talvez estes se apresentem como situações separadas, mas, mesmo assim, o que você está aprendendo e as lições que está atraindo seguem um padrão.

Cada um nasce com um propósito e uma visão superior. Você caminha através desta vida para encontrar e cumprir essa visão. O desafio para o seu Eu superior é constantemente ampliar a sua visão de quem você é e colocar esse ser em arenas cada vez mais amplas. Alguns de vocês poderão especializar-se em algo específico, concentrando-se nisso de forma cada vez mais detalhada. Para outros, o caminho poderá ser o de penetrar em novas áreas, na busca de conhecimento. O entrelaçamento de todas essas partes internas com o ser superior é uma das metas da alma no seu ciclo evolucionário.

O Eu superior é a parte de você que está além do mundo das polaridades. Cada voz do seu interior que segue numa direção criará o seu oposto. Isso significa que, se houver uma parte em você que é muito conservadora, que quer que a sua vida fique sempre do mesmo jeito e que não gosta de mudanças, haverá também o oposto dessa parte – uma parte que gosta de fazer as coisas espontaneamente, de ser livre e de fazer mudanças. Você poderá observar que essas duas partes estão constantemente em conflito.

Você tem muitas partes no seu interior, uma dizendo uma coisa e a outra dizendo sempre o oposto. A harmonização dessas partes faz com que o Eu superior apareça. Uma das maneiras de fazê-lo é deixar que as duas partes mantenham um diálogo. Se houver uma situação na sua vida na qual você está oscilando para a frente e para trás, dizendo a uma de suas partes: "Esta é a resposta, faça-o desta maneira", enquanto a outra parte diz: "Não, isto deve ser feito *desta* maneira", você pode considerar que as duas partes estão em conflito. Imagine uma parte em cada uma das suas mãos e crie um diálogo entre elas. Deixe que cada uma expresse o bem que está tentando fazer por você. Deixe cada lado falar ao outro e considere um compromisso que funcionaria para ambos. Mostre-lhes mentalmente o que está tentando realizar e solicite-lhes que o ajudem na realização de suas metas.

Cada parte sua tem um presente para você e está aí como sua amiga.

Não existe uma voz no seu interior que não tenha a intenção de ajudá-lo. Talvez ela não tenha uma imagem correta daquilo que quer, ou talvez tenha sido estabelecida há muitos anos e ainda esteja trabalhando com um programa antigo. A parte de você que sente o medo, por exemplo, poderá estar tentando protegê-lo do melhor modo que conhece. Sua jornada nesta vida tem o objetivo de educar todas essas partes para a sua visão e propósito mais elevados.

Aprenda a amar cada um dos seus egos, pois, ao amá-los, você inicia o processo de uni-los com o seu Eu superior.

SUBPERSONALIDADES – A UNIÃO DOS EUS SEPARADOS

EXERCÍCIOS

1 – Tome uma área da sua vida na qual está sentindo um problema ou uma falta. Anote-a aqui.

2 – Agora, decida qual a *parte* de você que está criando essa falta. Feche os olhos e imagine que aparência essa parte tem. É jovem ou velha? Como está vestida? Qual é a sua expressão facial?

3 – Agradeça a essa parte sua por tentar, da melhor maneira que pode, fazer algo de bom por você. Pergunte-lhe qual a coisa boa que está tentando realizar. Por exemplo, a parte de você que o está segurando talvez esteja tentando protegê-lo e mantê-lo seguro. Existe sempre algo de bom que essa parte pensa estar fazendo. Que coisa boa ela está fazendo por você?

4 – Pergunte a essa parte se ela estaria disposta a fazer a mesma coisa, mas de um modo diferente, que contribuiria para o seu bem mais elevado e se adaptaria a quem você é agora. Você poderia solicitar a essa parte protetora que ficasse de olho em novas maneiras de ajudá-lo a enfrentar um novo desafio ou aventura.

5 – Observe mais uma vez essa parte de você mesmo. Parece mais velha, mais sábia, mais alegre? Agradeça a essa parte por estar disposta a ouvi-lo e a ajudá-lo em suas metas mais elevadas.

IX

Amor: como conhecer a sabedoria do coração

O amor é o alimento do universo. É o ingrediente mais importante da vida. As crianças buscam o amor, vicejam com o amor e crescem com o amor; sem o amor elas morreriam. O amor é uma energia que envolve o mundo; existe em todo lugar e em tudo. Não existe nenhum aspecto da sua vida que não envolva o amor. Mesmo o momento mais sombrio tem em si um elemento de amor – a necessidade dele, a falta dele ou o desejo de criar mais. Grande parte da energia deste planeta está direcionada para proporcionar amor e, contudo, existem muitas formas de pensamento sobre o amor, nesta e em todas as culturas, que tornam o amor difícil de ser conseguido.

Eu gostaria de falar sobre os pensamentos comuns que existem sobre o amor. Os pensamentos que as pessoas têm a respeito de algo estão à sua disposição por via telepática, de modo que, quando você está buscando o amor, também está atraindo a proclamação universal dele (junto com todas as crenças populares que isso desperta).

O amor é um sentimento presente no corpo, nas emoções e, em última análise, nos reinos espirituais. O amor poderia ser definido como uma força onipresente, e pode-se vê-lo como um elemento que mantém juntas as partículas de um átomo. O amor é uma força igual à gravidade ou ao magnetismo, mas ainda não é compreendido como uma força. Pode ser expresso, nos níveis mais elevados, como uma partícula que viaja tão depressa que está em todo lugar ao mesmo tempo, tornando-se tudo o que existe. Todos vocês estão se esforçando para conquistar formas mais elevadas de amor, mas muitos ficam retidos nas formas de pensamento comuns que existem sobre ele.

Imagine que exista uma barreira restringindo o volume de amor que você pode absorver – tal como a velocidade da luz, que tem um limite superior. Tem-se dito que não existe nada mais rápido do que a luz e, contudo, existe, embora ainda não seja conhecido no seu universo. Acontece o mesmo com o amor, pois no plano terreno existe um estágio de amor que é a expressão mais elevada do amor que a humanidade alcançou. Todavia, mais amor ainda é possível. Todos os seus grandes mestres e instrutores estão trabalhando com um veículo, com uma dimensão do amor, para trazer mais do mesmo ao plano terreno. Como pareceria esse amor? Como você o conheceria, se o tivesse?

Você já teve uma experiência desse tipo de amor. Você tem palavras e termos sobre o que é o amor e, contudo, sabe que o amor é mais do que palavras ou pensamentos. É uma experiência, um conhecimento, uma ligação com outro ser, com a terra e, em última análise, com o Eu superior. Em tudo aquilo com que você se liga existe um esforço para atingir um relacionamento mais elevado com o eu.

Muitas vezes as pessoas lhe oferecem a oportunidade de conhecer o seu Eu superior através das declarações do seu amor.

No entanto parece que enquanto você está se esforçando para atingir os reinos mais elevados do amor, a personalidade freqüentemente aparece com suas dúvidas, temores e expectativas. Para ter mais amor, você precisará ir além de suas limitações. Você pode aumentar o amor na sua vida antecipando-se, abandonando seus padrões do passado e acreditando na sua capacidade de amar ainda mais do que jamais amou no passado. Outra maneira de ter mais amor é olhar para trás, lembrando-se dos momentos em que foi forte, amável e pleno de luz. Se você usar o passado para se lembrar de quando o amor não estava em ação, você recriará suas limitações do passado nos seus relacionamentos atuais.

O que o amor proporciona à maioria das pessoas? No nível geral, o amor dá origem a muitos padrões de formas. Num relacionamento, ele proporciona o compromisso, o casamento, a cerimônia e o ritual. Numa família, faz com que cuidemos dos outros e com que sejamos cuidados; dá origem à dependência e à independência. Causa a união e a separação. No nível da personalidade, o amor muitas vezes cria o seu oposto – o medo. Muitos de vocês, que já se apaixonaram ou que tiveram experiências profundas de amor, verificaram que depois se retraíram ou se contraíram, afastando-se da outra pessoa ou retirando o seu amor. A pessoa aparece e se impõe a você, com suas dúvidas e preocupações. Você pode lidar com isso amando a sua personalidade e reafirmando-a. Cada vez que você atravessar a porta em busca de mais amor, de uma nova dimensão de amor, você fará com que sempre venha à tona aquela parte sua que não se sentiu amada. Você poderá transferir isso à outra pessoa, culpando-a por se afastar, ou por criar uma situação na qual não foi possível amá-la com intensidade. Mas o problema está em você mesmo; é você quem cria o afastamento. Antes de culpar a outra pessoa quando surge a dúvida, o medo ou o desapontamento, faça uma introspecção e pergunte-se: "Existe em mim uma parte que está criando razões para eu sentir medo?" Se você olhar para o seu interior e falar com essa parte, assegurando-lhe que não existe nada de errado com esse medo, se lhe mostrar o novo e brilhante futuro rumo ao qual está seguindo, você poderá adiantar-se ainda mais nessa região de amor.

Imagine que existem muitas mensagens telepáticas no seu planeta e que, não importa em que você esteja pensando, você se sintoniza com todas as outras pessoas que estão pensando na mesma coisa. Agora, se estiver pensando no amor, em como você é amado, em quanto amor existe no universo, em como se sente leve e alegre, você se encontrará com todas as outras pessoas que estão nessa mesma freqüência mental. Quando as dúvidas surgem, elas o levam aos pensamentos e vibrações das pessoas que estão vivendo nesse nível de temor. Não considere errados esses pensamentos, mas tampouco se demore neles. Não perca tempo pensando na razão pela qual algo não funciona; em vez disso, concentre-se em como *pode* funcionar, em quanto amor pode oferecer a todos – a seus filhos, a seus pais, a seus amigos e àqueles a quem ama profunda e intimamente.

O amor transcende o ser.

Todos vocês já tiveram aquela experiência de um profundo amor na qual foram capazes de colocar de lado sua personalidade, sua vontade e seus desejos, para dedicarem-se a uma outra pessoa. O amor é um ponto que existe como uma energia na qual você pode penetrar sempre que tiver um pensamento amoroso a respeito de qualquer pessoa. Você literalmente aumenta a sua vibração. Existem muitos seres elevados, tais como eu e aqueles que trabalham neste nível, fazendo convergir o amor sobre o planeta, para que os seus próprios sentimentos de amor sejam amplificados. Sempre que você expressa amor incondicional, do seu ser mais profundo, e sempre que o recebe, você ajuda muito mais pessoas a também consegui-lo.

O amor dos reinos mais elevados é a compaixão absoluta e a imparcialidade completa. É ver o quadro maior da vida das pessoas e não se concentrar naquilo que você quer delas, mas em como pode ajudá-las no seu desenvolvimento e crescimento em qualquer direção que seja para o seu bem. Amar é preocupar-se em saber como pode servi-las e, assim fazendo, em saber como servir ao seu próprio crescimento e ao seu propósito mais elevado. O amor abre as portas para o seu próprio crescimento e existência. Você tem testemunhado como o fato de se apaixonar expandiu sua existência – o estar apaixonado por qualquer pessoa, seja uma criança, um de seus pais ou um amigo. Quando me manifesto e ajudo os outros, minha alegria está em ver a flor desabrochar, em observar aqueles a quem falo crescerem e se amarem mais. Essa energia volta para mim e é ampliada muitas vezes, de modo a ser assistido ainda mais na minha divulgação do amor.

Pense por um momento no dia de amanhã. Como você vê o dia de amanhã? Existe algo que poderia fazer para transmitir amor a alguém ou para sentir mais amor você próprio amanhã?

Reconhecer as pessoas e reconhecer a si mesmo é outra maneira de sentir o amor. Parar um momento para apreciar todas as pessoas que você vê e enviar-lhes um sentimento de amor mudará a sua vida e aumentará a sua vibração rapidamente. Estar comprometido com a idéia do amor fará com que ele venha até você. Você não precisa entrar naquele nível de personalidade em que diz: ''Será que esta situação vai durar; será que funcionará?'' Em vez disso, pergunte-se agora mesmo: ''Como posso aprofundar o amor deste relacionamento?'' O amor opera no presente e, concentrando-o no presente, você o envia para o futuro e o libera para o passado.

Se você existe num sentimento de amor – se pode encontrá-lo em tudo o que faz, transmiti-lo através do seu toque, através das suas palavras, dos seus olhos, dos seus sentimentos –, você pode cancelar com um ato de amor milhares de atos de natureza inferior.

Você pode ajudar a transformar o planeta. Não é necessário que uma quantidade muito grande de pessoas se concentre no amor para mudar o destino da humanidade, pois o amor é uma das energias mais poderosas do universo. É milhares de vezes mais forte que a raiva, o ressentimento ou o medo.

Por um momento, pense em três pessoas que poderiam aproveitar o seu amor incondicional e envie-o a elas. Imagine que existem três pessoas das quais gostaria de receber o amor incondicional, e abra-se para recebê-lo.

Você pode imaginar como se sentiria se o seu coração estivesse aberto, se em cada lugar aonde fosse você confiasse, estivesse descontraído e soubesse que o universo é seu amigo? Como fluiria a sua vida se acreditasse que a sua orientação interior é gentil e bondosa, e que as pessoas lhe enviam amor aonde quer que vá, e que você próprio emite um raio de amor, como se fosse um círculo à sua volta, a todas as pessoas? Como mudaria a sua vida, se toda vez que alguém lhe dissesse algo, não importa como o dissesse, você pudesse reconhecer o amor ou a necessidade de amor por trás disso? Você estaria constantemente olhando mais fundo para reconhecer o amor no interior de cada ser, como eu faço. Com o seu reconhecimento, você faria com que ele brotasse e o atrairia para você próprio.

Ao sair pelo mundo neste dia, perceba como você pode expressar o amor através dos seus olhos, do seu sorriso, do seu coração e até mesmo de um gesto de gentileza, se for apropriado. Vocês vieram ao mundo como uma comunidade, e todos vocês podem emitir um elevado sentimento de amor, uma forma de pensamento de amor, e oferecê-la uns aos outros. Durante o restante deste dia, instale-se no seu coração. Sinta o amor que você próprio é e, ao fazê-lo, esteja aberto para receber dos outros o reconhecimento da bela luz e do amor que há no seu interior.

AMOR:

COMO CONHECER A SABEDORIA DO CORAÇÃO

EXERCÍCIOS

1 – Anote pelo menos três ocasiões do passado em que sentiu uma onda de sentimentos amorosos ao pensar em alguém, ou ao falar com essa pessoa, ou ao dedicar-lhe o seu amor.

2 – Pense em três pessoas que poderiam aproveitar o seu amor. Recorde os sentimentos de amor que teve no passo 1 acima. Irradie esse amor para essas três pessoas.

3 – Anote aqui três ocasiões em que alguém lhe transmitiu um amor inesperado.

4 – Pense no modo com que poderia surpreender e deleitar alguém amanhã com uma expressão do seu amor.

X

Abrindo-se para receber

Imagine, se quiser, que você é um rei e que a arca do seu tesouro está cheia. Na realidade, você tem tanto que não sabe onde começar a distribuir a riqueza. Todas as pessoas do seu reino andam por aí dizendo como são pobres, mas, quando você lhes oferece o seu dinheiro, elas agem como se não o vissem, ou ficam intrigadas, querendo saber o que está errado com o que você lhes oferece.

Olho ao redor e vejo essas arcas por toda parte – intactas, não usadas e mesmo não reconhecidas. Você já ouviu a expressão ''Céu na Terra''. Não há nada que o impeça de tê-lo, exceto a sua capacidade de solicitá-lo e de recebê-lo. O que são essas arcas? Que coisas existem nelas que gostaríamos de distribuir?

Uma é o amor. Nós não medimos o crescimento como você o faz (progresso em carreiras, mais dinheiro, etc.). Buscamos a evolução espiritual, que inclui a alegria, o amor-próprio, a capacidade de receber, a transformação do negativo em positivo, o aprimoramento do ego, a disposição de abraçar o novo e a capacidade de trabalhar em conjunto por um objetivo comum.

Muito amor está disponível, e é tão abundante como o ar que você respira.

Você pede amor? Quanto mais você der e receber amor, tanto maior será o seu crescimento espiritual. Cada momento que você gasta concentrando-se em algo que não está funcionando, pensando em alguém que não o ama, faz você ficar igual aos homens que fogem do dinheiro do rei. Você tem sempre a oportunidade de pensar nas ocasiões em que foi amado, de imaginar um futuro com abundância e, assim, compartilhar do tesouro espiritual.

Em que você está pensando? Cada inspiração de ar eleva-o ao mundo da essência, onde a forma é criada, e com cada expiração você envia ao mundo os seus desejos. Cada vez que você reconhece o amor que possui, você o aumenta. Uma das leis que regem o receber é que, ao reconhecer algo que você recebeu, você aumenta esse algo na sua vida, e sempre que você não reconhece o que recebeu, fica muito mais difícil que, no futuro, você torne a receber nova remessa daquilo que você não reconheceu.

Quanto mais você se concentrar no que está errado, mais coisas erradas você criará na sua vida; mais o que está errado se espalhará a outras áreas que ESTAVAM bem. Quanto mais você se concentrar no que está certo, no que está bem, mais outras áreas da sua vida estarão bem. O mesmo acontece no receber. Quanto mais você reconhecer o quanto está recebendo, mais você terá.

Temos aqui dois tipos de pedidos: os que são feitos pela sua personalidade e os que são feitos pela sua alma.

Quais são as necessidades da sua alma?

A necessidade de evolução espiritual é uma necessidade da alma, como também o é a necessidade de um propósito mais elevado: clareza, amor e concentração. O desejo de encontrar seu caminho mais elevado ou de obter mais luz na sua vida também é uma necessidade da alma.

As necessidades da pessoa podem ser o atendimento de uma necessidade da alma. São, comumente, mais específicas, como o desejo de ter um carro novo ou um objeto material, por exemplo. Se estiver disposto a olhar para a motivação mais profunda que está por trás do que você quer e para o que você espera ganhar depois de consegui-lo, você fará com que apareçam muito mais meios e formas pelas quais você poderá conseguir o que quer.

A necessidade de uma personalidade é muito específica; por isso, muitas vezes é preciso mais tempo para que o universo encontre meios de satisfazê-la para você. Entretanto, se em vez de pedir dinheiro você solicitar o que o dinheiro pode lhe trazer, como, por exemplo, mais segurança, a possibilidade de viajar, de ter um tempo livre ou de pagar suas prestações mensais com facilidade, tudo isso lhe poderá ser proporcionado mais facilmente que o dinheiro.

Aprender a receber é aprender a pedir a essência, e não a forma daquilo que você deseja.

Muitas vezes o universo lhe dá exatamente o que você solicitou, para só então você descobrir que não era bem aquilo que você queria. Isso causa muita perda de tempo. Antes de dizer que quer algo, pergunte a si mesmo: ''Existe algum modo mais completo ou mais correto de eu afirmar esse pedido?''

Quando você diz: "Eu quero que este homem ou esta mulher me ame", ou: "Quero que esta pessoa me dê alegria", você faz com que fique muito difícil para o Universo conceder-lhe o que você deseja, especialmente se essas pessoas não o amam ou não lhe dão alegria. Se, em vez disso, você disser: "Estou disposto a receber um homem ou uma mulher que me ame", fica mais fácil ser atendido, pois seu pedido não está ligado à forma (uma pessoa específica), mas à essência (amor e alegria).

Se você quiser algo que apareça de um modo específico, isso poderá demorar mais do que se você deixar que o universo faça mágicas e milagres e lhe traga o que a sua alma pede, e não o que a sua personalidade deseja. Muitas vezes isso pressupõe a capacidade de deixar acontecer e de se desprender.

Talvez você já tenha tido a experiência de imaginar algo e de tê-lo conseguido. Entretanto, muitos de vocês não sabem como abandonar o velho e como abrir-se para o novo. Esteja disposto a se abrir para formas novas, caso queira receber.

Se a sua vida está tumultuada com muitos relacionamentos, por exemplo, ou se você está preenchendo o seu tempo com um relacionamento insatisfatório, então não existe espaço na sua vida para um relacionamento que faça você se sentir satisfeito. Se você está pedindo mais dinheiro, mas gasta todo o seu tempo trabalhando de graça ou procurando atividades que não são rendosas, será muito mais difícil atraí-lo.

Esteja disposto a fazer o que a sua alma o orienta a fazer, se quiser criar o que você está pedindo.

Muitas vezes, ao solicitar algo, você descobrirá que está passando por mudanças inesperadas que têm o objetivo de prepará-lo para receber o que solicita. Pode ser que a sua atitude precise ser modificada, ou que o ponto de vista que você mantém esteja, na verdade, criando um bloqueio de energia que impede que você receba essa dádiva. O Universo imediatamente lhe enviará muitas experiências para que se abra e mude a sua atitude, para que possa obter aquilo que pediu.

É necessário, por vezes, que abandone certas coisas para obter o que pediu. Talvez precise livrar-se de um pensamento, de um amigo, de uma atividade improdutiva ou de uma preocupação exagerada. Isso não significa que o Universo o esteja punindo, ou tentando fazer com que seja difícil para você obter o que deseja; significa, ao contrário, que você tem um mestre interior atencioso e amável, que deseja proporcionar-lhe as coisas somente quando você estiver preparado e quando for para o seu bem.

Poderá ser-lhe recusada uma grande quantidade de dinheiro, por exemplo, se você não estiver preparado para lidar com ele. O seu Eu superior poderá proporcionar-lhe muitas lições que mudem ou substituam as suas atitudes antes que o dinheiro chegue, para que ele realmente colabore com o seu crescimento. Se você estiver pedindo coisas de maneira egoísta, o Universo sempre irá prepará-lo, de modo que não sofra danos ao possuí-las. Muitas solicitações relacionadas com a fama e grandes somas de dinheiro não visam, na verdade, ao benefício da alma e poderão, em conseqüência disso, ser postergadas.

Você pede tão pouco, e é isso o que nos entristece quando examinamos a mente dos homens. Vemos o foco de seus pensamentos, limitando-se a olhar para as imediações, em vez de olhar para as alturas.

Existem maneiras de você ter mais na sua vida.

Uma dessas maneiras é usar a imaginação, pois esta é um grande dom que lhe foi concedido. Toda vez que você imaginar que possui algo, desafie a si mesmo e imagine ter mais ainda!

Se quer ter uma casa, um amigo ou um namorado, qualquer relacionamento que seja, um carro, uma vida de lazer – fantasie sobre isso e amplie a sua visão.

A fantasia pode levá-lo a uma meta mais elevada. A maioria das coisas sobre as quais você fantasia (mesmo aquelas que sente que está mais longe de possuir) são imagens dessa meta mais elevada e da vida que levará ao alcançá-la.

O que você pode pedir? Você pode pedir evolução espiritual e mais luz, pois esse é um pedido geral que será utilizado pela sua alma para lhe proporcionar muitas dádivas inesperadas. (Você precisará reconhecer essas dádivas quando chegarem.)

Confie em si próprio e acredite que você pode criar aquilo que você quer.

Ter fé em si próprio e abandonar as lembranças dos tempos em que as coisas não estavam bem ajudá-lo-ão a abrir-se para uma abundância maior. Se você gosta de pensar no passado, pense nas épocas em que foi poderoso e criativo. Entre no seu coração e pergunte se você sente que merece toda a alegria e amor que o estão aguardando no seu novo caminho.

Você pode começar a imaginar a alegria, a paz e a harmonia como seus direitos natos. A concentração, a clareza e o amor estão disponíveis para quem os solicita. Peça uma visão da sua meta mais elevada, e disponha-se a reconhecer as dádivas a cada dia, à medida que chegam, mesmo as coisas pequenas. Quanto mais você reconhecer o que lhe está sendo enviado, mais você poderá introduzi-lo na sua vida.

Peça! Não podemos dar-lhe nada a não ser que você o peça. O universo espera que você peça. Quando vir que está chegando o que pediu, esteja disposto a tomá-lo e a recebê-lo. Quando a oportunidade chegar, segure-a! Agradeça e reconheça ao Universo por isso, e você poderá criar o Céu na Terra.

EXERCÍCIOS

1 – Anote pelo menos quatro coisas da sua vida que você está fazendo bem, coisas que estão funcionando e em relação às quais você se sente bem:

2 – Que coisas boas você recebeu do Universo na última semana ou mês? Anote pelo menos dez coisas:

3 – Pense em pelo menos cinco coisas que solicitou n… do e que recebeu:

4 – O que você gostaria de receber do universo agora? Anote seus pedidos com precisão. Use a sua imaginação e *peça* tudo aquilo em que pode pensar. Exemplo: Eu gostaria de receber uma renda de US$ 2.000 *ou mais* por mês, a começar dentro de seis meses, ou antes, e de ganhá-la de um modo que facilite a concretização do meu propósito mais elevado.

XI

Apreciação, gratidão e a lei do aumento

Se você quer sair de um lugar inconveniente, se está esgotado ou extenuado, se esteve com alguém que o deixou transtornado, você pode rapidamente mudar sua energia olhando para as coisas boas que possui e dizendo obrigado – obrigado, *ser*, obrigado, *Universo*. Este é um modo eficaz de limpar a sua aura e de aumentar a sua vibração. Se você se levantar a cada manhã e ficar dois minutos agradecendo, verá que o seu dia será bem melhor.

Qual é o propósito da gratidão? Não é apenas algo que você deve fazer porque os seus pais o ensinaram a dizer obrigado e a ser cortês. Vocês têm um feriado a que chamam Dia de Ação de Graças e vocês já ouviram falar de pessoas que agradecem ao saírem de uma provação. Existe uma razão superior para a gratidão e o agradecimento. Essas pessoas literalmente emitem um chamado ao Universo para que este lhes conceda mais.

Tudo aquilo que você aprecia e pelo qual agradece crescerá na sua vida.

Alguma vez você já notou o quanto gosta de estar junto de pessoas que agradecem, que o apreciam e reconhecem? Quando você lhes dá conselhos, elas respondem: "Muito obrigado, isso ajuda muito." Quando você lhes oferece algo, elas o recebem e gostam do que recebem. Já notou como você quer dar-lhes ainda mais? Acontece o mesmo, no nível da energia, com o Universo. Sempre que você parar para agradecer ao Universo pela abundância que possui, o Universo lhe dará mais. Sempre que você agradece, a luz da sua aura aumenta no mesmo instante. Você faz a mudança através do seu coração, pois o sentimento de gratidão provém do coração. Ao agradecer, você abre o seu coração. O coração é a porta para a sua alma; é o elo entre o mundo da forma e o mundo da essência. A gratidão e o agradecimento são um caminho direto para o coração, para a sua essência, para a sua alma.

Você pode purificar a sua aura e aumentar a sua vibração através do agradecimento. A ressonância da gratidão no seu corpo vibra com o centro do coração. Ela permite que você se abra mais e receba mais. Ela abre o seu coração para a sua consciência, curando o corpo físico com a irradiação do seu amor. Ela estabelece uma vibração mais elevada e mais sutil, e é a sua própria vibração que o leva até as coisas que você deseja. Quando você agradece, o Universo cria uma nota ou um som semelhante que lhe proporciona ainda mais daquilo por cujo recebimento você agradeceu.

Existem vários métodos de expressar a gratidão – mentais, verbais e escritos. E existe ainda o sentimento emocional e sincero de gratidão, que é o mais importante. Seja como for que você agradeça, se o fizer de maneira distraída, sem prestar atenção e sem senti-lo no seu coração, não será tão eficaz como quando você está plenamente consciente e o faz com verdadeira gratidão. Quando você *pensa* num "Muito obrigado", isso produz um efeito no seu corpo, e é ainda mais eficaz quando o faz em voz alta. Já esteve com pessoas que constantemente lhe agradecem? Não estou falando daqueles que o fazem por hábito ou por estarem sempre se desculpando ou querendo o seu favor. Estou me referindo às pessoas que realmente o reconhecem e apreciam quando você está com elas. Essas pessoas estão aumentando o que receberão dos outros e do mundo.

O processo de anotar idéias e de enumerá-las em voz alta coloca-as no mundo da forma mais rapidamente do que apenas pensar nelas. Se você quiser algo, anote-o ou diga-o em voz alta, pois os processos da fala e da escrita estão um passo mais perto da posse de algo do que o processo do pensamento. As mãos e a garganta são dois centros de manifestação. As idéias que estão na sua mente, quando reveladas verbalmente e a outras pessoas, tornam-se parte do mundo da forma e, quando anotadas num papel, estão ainda mais perto de serem criadas. É bom expressar mentalmente a sua gratidão. Isso também favorece a sua evolução, mas é ainda mais eficaz expressá-la em voz alta para o Universo e para os outros. O agradecimento por escrito é ainda mais eficaz que o falado.

Para criar algo novo, ou para continuar recebendo mais de algo que já recebeu, tome um papel e uma caneta e escreva um muito obrigado ao Universo.

À noite, faça uma lista de tudo o que recebeu durante o dia. Pode ser algo que você comprou, o sorriso de um estranho, um sentimento de bem-estar ou uma energia extra, um carro que o levou para onde você queria ir ou um dinheiro que recebeu. Você ficará surpreso com todas as dádivas que lhe são enviadas todos os dias. Reconhecendo o que recebeu, você criará com o Universo uma ligação que permitirá que você tenha ainda mais.

Você poderá querer escrever ou telefonar para alguém que o ajudou e expressar a sua gratidão. Quanto mais você expressar exteriormente a sua gratidão e agradecimento por aquilo que tem, mais modificará a sua vibração molecular, afastando-a da energia densa e dirigindo-a para níveis mais sutis. Você pode notar que as almas altamente evoluídas e os grandes mestres passam grande parte do seu tempo apreciando e agradecendo ao Universo. Em suas meditações, eles sentem a verdadeira humildade e gratidão por tudo o que lhe é concedido.

Qual o efeito da gratidão nos diversos corpos de que somos revestidos? O corpo físico literalmente passa por uma mudança quando você mostra que sabe apreciar o que está recebendo. Quando você reconhece a sua boa saúde, por exemplo, você envia uma mensagem às células do seu corpo. Elas reagem a isso, pois cada uma das suas células contém em si o holograma do seu corpo inteiro. Cada célula tem a consciência de si mesma. (Não que pensem do modo que você conhece.) Você é composto de muitas células diferentes, que funcionam num nível de consciência que não é igual à consciência total à qual chama de "Eu". Elas também gostam de ser apreciadas. Se você quiser curar um problema do seu corpo, em vez de se lembrar das ocasiões em que não esteve com saúde, ou de se preocupar com futuras dores ou problemas, agradeça ao seu corpo por todas as coisas maravilhosas que ele está fazendo bem. Se você lhe enviar a sua gratidão freqüentemente, verificará que o seu corpo fará ainda mais por você. As células definitivamente compreendem o sentimento de gratidão e tentarão trabalhar para você ainda mais arduamente.

Seja grato pelo modo como o seu corpo se move, age e o conduz por aí. Aprecie o modo como ele converte o alimento em energia e como ele serve bem a você. Por outro lado, se você olhar para o seu corpo e achar que há algo de errado com ele, dizendo: "Não gosto das minhas coxas, do meu estômago, etc.", e se queixar disso, verificará que o seu corpo também não reagirá bem. Pense no seu corpo sabendo que ele contém milhões de pequenas entidades – as células – que possuem sentimentos. No minuto em que você toma a decisão de apreciá-las, você mudará a sua vibração física. As células imediatamente se põem a trabalhar para aumentar a sua energia. Quando você tem um pensamento negativo, de ingratidão, sua energia enfraquece.

A gratidão cura as emoções.

A gratidão une o corpo emocional ao corpo físico e, desse modo, à alma, que é alcançada através do coração. O corpo emocional é um fluxo de energia agitado, que está constantemente vibrando à sua volta. Ao expressar um agradecimento e apreciar a sua vida, reconhecendo as pessoas, os eventos e as forças mais elevadas, o padrão de energia que representa o seu corpo emocional começa a se reajustar numa vibração mais elevada e mais sutil. Suas emoções são a sua parte mais magnética quando se trata de atrair eventos, pessoas e objetos. Quanto mais calmo e desprendido você estiver, mais fácil será obter aquilo que deseja. Sua vontade e intenção precisarão ser dirigidas no sentido de consegui-lo. Quanto mais tranqüilo e sereno você estiver, mais facilmente você poderá se concentrar no seu Eu superior e mais poderá obter.

A experiência emocional de um profundo sentimento de gratidão é calmante e eficaz para aumentar a vibração do seu corpo emocional. O coração é o mais afetado e o mais facilmente atingido pela gratidão. Se você quiser unir-se a outra pessoa no seu coração, aprecie-a. Ao emitir telepaticamente a apreciação você impedirá automaticamente o surgimento de conflitos de poder. Nesta semana, quando encontrar seus amigos, note e reconheça algo de bom neles. Assegure-se de que é algo sincero, e não algo que necessita compor. Se você puder encontrar algo para dizer a eles que represente gratidão pelo que são, você imediatamente deslocará o nível de contato para cima, para o coração.

Agradecer e apreciar abre muitas portas para os níveis mais elevados do universo.

O reconhecimento é uma porta para o coração; ele abre o seu coração e permite que você sinta mais amor na sua vida. Na próxima semana, aprecie cada pessoa que vir, quando se lembrar de fazê-lo. Seja um amigo ou uma pessoa amada, um estranho ou um colega de trabalho, veja se você pode transmitir-lhe gratidão e agradecimento. Seja grato, do fundo do seu coração, a algo dessa pessoa. A gratidão alivia a sua cabeça e livra-o do julgamento. Muitos de vocês andam absortos em seus pensamentos e, quando manifestam sua gratidão, isso os faz sair daquele ponto mental de certo e errado, de bom e de mau, e faz com que entrem em seus corações. Quando você sai do seu nível mental, ainda que por pouco tempo, é mais fácil para o Universo trabalhar diretamente com você. Muitas vezes o nível de atividade mental mantido por vocês cria tanta confusão que se torna mais difícil para vocês terem aquilo que desejam.

Quando a gratidão é sentida no corpo mental (a parte de você que pensa o tempo todo), literalmente silencia a parte da preocupação, o lado da dúvida ou do ceticismo. Ela reúne todas as suas personalidades sob uma nova bandeira, e esta pode ser uma porta para um novo nível de energia. Sempre que estiver transtornado ou preocupado, sentindo algo que lhe parece impossível de curar, pare e agradeça pelas coisas boas que possui.

O sentimento de gratidão permite-lhe o acesso à sua mente abstrata, que é a parte que liga o cérebro direito ao esquerdo, os lados masculino e feminino. A mente abstrata não funciona apenas com o lado esquerdo do cérebro, que lida com números, figuras e com a lógica, nem trabalha especificamente com o lado direito do cérebro, que lida com a criatividade, a intuição e os sentimentos. Ela sintetiza as duas partes. Essa união ocorre quando você é capaz de conceituar com estruturas de crenças e realidades que estão fora do seu modo normal de pensar. Ela se parece com uma luz que surge, uma nova solução para um velho problema, uma inspiração ou revelação.

A mente abstrata é capaz de ver o quadro maior da sua vida, e você lhe dá tão pouca atenção. Essa parte de você tem muitas maneiras novas de pensar; ela existe além da estrutura normal em que você vive. A mente abstrata não pensa nos termos em que você está acostumado a pensar. Ela é o nível do gênio que existe em todos vocês. Ela usa a forma mais elevada de pensamento que você possui e pode ajudá-lo consideravelmente na sua evolução, caso você esteja disposto a usá-la com mais freqüência.

Você pode se decidir a pensar de forma mais elevada com mais freqüência.

O ato de agradecer leva-o diretamente ao coração e à mente abstrata. Ao agradecer, você introduz a luz no centro da coroa, no topo da cabeça, através da porta do coração. Devido ao aumento de luz e à nova abertura do coração, muitas idéias e dádivas podem ser-lhe enviadas. Elas poderão revelar-se numa semana ou num mês, mas você criou uma porta para que muitas coisas boas cheguem a você. Imagine que a gratidão lhe permite penetrar na sua vibração e modificá-la, para ingressar nos níveis mais elevados de sabedoria que estão disponíveis no Universo. O Universo ouve o seu chamado; os agradecimentos são definitivamente ouvidos e apreciados, e você receberá essa energia de volta.

Todos vocês têm desejos, e os desejos compõem aquilo a que chamamos de "corpo de desejos". Há coisas que você deseja ter na sua vida. Se eu lhe perguntasse o que você deseja, o que para você é mais importante possuir agora, você poderia dizer-me, caso tenha parado para pensar no assunto. Ao agradecer, você afeta o seu corpo de desejos. O corpo de desejos é bastante agitado, como o corpo emocional. Está sempre concentrado no que não possui e no que deseja criar. Ele tem um propósito, pois lhe proporciona novas formas, motivação e energia criativa. Contudo, ele pode trazer-lhe uma sensação de energia fugaz – lembrando-o de todas as coisas que você ainda tem para fazer e criar.

Seus desejos podem parecer irresistíveis, caso você tenha muitos ainda não realizados. Agradecer diretamente afeta os desejos, permitindo que se acalmem para que vejam o quanto criaram. Pense nisso como se tivesse uma parte separada de você mesmo, composta das coisas que você tem desejado. Quando você agradece, essa parte se fortalece, pois esse ser geralmente não se concentra no que você gerou, mas quer dizer a você o que você poderia fazer, como poderia trabalhar mais arduamente e assim por diante. Ele sempre tem uma lista de coisas a fazer e precisa ser tranqüilizado, precisa de diálogo, precisa ser acalmado. Sentir gratidão pelo que você fez lhe proporcionará isso, e fortalecerá essa parte na sua capacidade de criar mais.

Outro corpo é o da vontade. Todos vocês têm imagens diferentes sobre a vontade. Alguns de vocês chamam-na de "força de vontade".

Vontade é a capacidade de dirigir sua energia para onde você quer que ela vá.

Muitos de vocês querem voar mais alto, penetrar os níveis mais sutis de energia, onde existe mais paz, alegria, contentamento e desapego. A vontade é uma energia que flui constantemente através de você. É como um fluxo ou um rio de energia que o percorre durante todo o tempo. Ao agradecer, você fortalece a sua vontade; não o poder da vontade, mas a vontade ligada ao coração, a vontade dirigida a fazer aquilo que você ama. Quanto mais você agradecer a si mesmo, quanto mais você se sentir grato pelo que você tem na sua vida, mais você ligará o seu coração à sua vontade. Isso lhe permitirá que você crie as coisas que o seu coração tem desejado.

APRECIAÇÃO, GRATIDÃO, E A LEI DO AUMENTO

EXERCÍCIOS

1 – Que coisas você apreciaria ter na sua vida neste momento?

2 – Que pessoas você aprecia?

3 – Que coisas boas a respeito de você próprio – seu corpo, sua mente, etc. – você aprecia?

Idéias:

Telefone para alguém ou escreva-lhe expressando a sua estima por ele ou por ela.

XII

O sentimento de paz interior

O que é a paz interior? Todos vocês têm uma imagem mental daquilo que acham que é a paz interior. Vocês alcançaram esse estado em muitas ocasiões, às vezes por momentos, e mesmo por horas, e por isso sabem o que é sentir a paz interior. Uma parte do crescimento consiste em aprender a criar esse sentimento sem depender de que as coisas se desenvolvam de uma certa forma, ou de que as pessoas reajam a você de um modo específico. Você quer criar esse sentimento como algo que você é, e ser capaz de oferecê-lo e compartilhá-lo com outros. *Você* se torna o centro, irradiando a luz da sua alma, em vez de reagir, esperando que os outros ou as situações e os acontecimentos da sua vida se ajustem de maneira a que você tenha paz.

Criar a paz interior por meio dos níveis mais elevados é aprender a abrir o coração. Significa que você não está concentrado ou preso, num nível emocional, às coisas que acontecem no mundo à sua volta. Você sabe quem você é, e deixa as coisas fluírem à sua volta sem tocarem ou afetarem o seu sentimento de paz. Você pode aprender a tocar e afetar a energia do mundo exterior a partir desse centro de energia no seu interior. Isso é paz. Abrir o coração significa permanecer aberto e amável, não importa o que a outra pessoa faça, seja o que for que aconteça a você ou à sua carreira. Significa optar por sentir-se em paz, seja qual for o aspecto da sua vida exterior. É fácil ser amável e franco quando as pessoas que estão à sua volta são amáveis; o desafio é ser amável quando você está rodeado de pessoas fechadas, medrosas ou negativas.

A paz interior vem de dentro, não de fora.

Qualquer coisa à qual você esteja preso, qualquer coisa que você precise possuir de uma certa maneira, qualquer crença ou conceito inflexível será uma área que pode afetar a sua paz interior. A meta é tomar esse sentimento de paz interior e afetar todas as coisas no mundo exterior, tocando-as com essa energia. O primeiro passo é *encontrar* esse sentimento de paz interior.

Uma das maneiras mais simples é relaxar o corpo, o que pode ser feito através de toques físicos ou do relaxamento mental. O corpo é um receptáculo de muitos pensamentos que não são pacíficos e, se ele puder ser levado a um estado de paz e de repouso, a mente poderá aprender esse sentimento, bem como aprender a criá-lo. A paz é mais do que um simples sentimento de descontração do corpo. É uma onda de rádio bastante específica, uma vibração que você emite e que afeta tudo no seu mundo exterior.

Você pode começar a experimentar vários níveis de paz interior, até os sentimentos mais profundos. Comece procurando uma sensação de paz no seu interior. Dê a si mesmo a oportunidade de sentir a paz interior na semana que vem. Talvez você queira criar um lugar de beleza, um sentimento de ausência de tempo, ouvir música, de modo a realmente poder sentir o que a paz significa para você. Desse espaço, desse conhecimento, você poderá começar a mudar tudo o que você vê no mundo exterior.

Qual é o valor da paz interior? Certamente, ela é boa para o corpo emocional. Mas é mais do que isso – é a capacidade de afetar o mundo exterior a partir do seu nível mais elevado, é a capacidade de criar e manifestar-se a partir de um ponto concentrado e cheio de propósito e do sentimento interior de quem você é. Quando você está tranqüilo e calmo, quando diminui o seu ritmo e se sente relaxado, você é capaz de criar e de pensar nos seus níveis mais elevados. O que você traz para a terra e cria a partir desse espaço é o seu bem superior.

Você pode criar coisas quando se sentir tenso, ansioso ou quando sente medo, mas essas coisas poderão não ser para o seu bem superior; de fato, é provável que não sejam. Se, antes de planejar a sua vida ou buscar novas idéias, você procurar um sentimento de paz interior e passar a agir a partir dele, você vai verificar que os seus planos refletirão mais o propósito da sua alma do que os desejos da sua personalidade. Se, antes de agir ou de falar, você conseguir produzir esse sentimento de paz, verificará que o seu mundo se transforma rapidamente, tornando-se um lugar bastante diferente.

A paz interior é uma ligação com o seu ser mais profundo e o ajudará a libertar-se do medo.

O medo é uma energia inferior, uma vibração de menos luz, e pode ser transformado pelo amor. Um dos objetivos de se ter paz interior é acabar com o medo. Poderá ser o medo de ser ferido ou rejeitado, abandonado ou deixado por alguém. Poderá ser o medo de não conseguir enfrentar o mundo, de ser expulso e de falhar. A paz interior é uma ligação com o coração e uma disposição de abrir mão do medo. Ela é alcançada quando você abre mão da posse de qualquer coisa que sirva para se defender e quando consente em ser vulnerável. Não é fingir para as outras pessoas; é estar disposto a aparecer tal como você é, e sabendo que está bem.

Ter paz interior significa comprometer-se a abrir mão da autocrítica e da dúvida a seu respeito. Tudo o que os outros lhe dizem a seu respeito é o reflexo de uma voz do interior deles. O que os outros lhe dizem também reflete o modo como falam a si mesmos. Se as pessoas o criticam, veja antes se não existe uma parte de você criticando a si mesmo. Ao abandonar essa autocrítica, você receberá menos críticas da parte dos outros. Lembre-se também de que aquilo que as pessoas lhe dizem é um reflexo de quem elas são e de como elas vêem o mundo. Talvez o critiquem porque criticam a si mesmas. Observe as suas ações e palavras como uma afirmação das suas crenças, e aprenda a permanecer calmo e centralizado.

A paz interior cura. Você não precisa se concentrar nos seus temores para se livrar deles. Ao alcançar um sentimento de paz interior, mantendo todas as situações da sua vida dirigidas para a luz, você verificará que sua mente se abre para novas idéias, para novas soluções e respostas que provêm da sua alma. A paz interior é o elo de ligação com o seu ser espiritual. Você a alcança através do relaxamento físico, da calma emocional e da concentração mental em ideais e qualidades mais elevados. Se você quiser subir, experimentar e viver nos níveis mais elevados de energia, a paz interior é a porta.

Uma vez tendo-se decidido a criar a paz interior, talvez você verifique que acontecem muitas coisas que desafiam a sua resolução de permanecer tranqüilo. Talvez você diga: ''Posso ficar calmo, *exceto* se *isso* acontecer.'' O Universo está enviando a você essas exceções como uma oportunidade para criar uma nova reação de paz, em vez de ficar transtornado.

Como manifestar a paz interior e mantê-la estável? Você começa reconhecendo os momentos em que tem paz interior, sintonizando a sua consciência com o sentimento e tendo a vontade e a intenção de criá-la. Você pode usar a imaginação para ver como se sentiria. Você pode pensar na paz interior ou contemplá-la, pois, onde quer que você coloque os seus pensamentos você começa a criar a experiência disso.

Você pode decidir-se a não mais se deixar influenciar pelo mundo exterior e, em vez disso, influenciar o mundo à sua volta com a sua paz.

Seja o que for que aconteça no seu dia-a-dia, se o correio lhe traz dívidas inesperadas a serem pagas, ou se alguém muda de opinião, seja o que for que no passado tenha destruído a sua calma emocional, a sua paz mental ou o seu bem-estar físico, decida que agora irradiará paz, cura e amor. O mundo que você vê à sua volta não passa de uma ilusão criada pela energia que você está emitindo. Tudo é possível. Os limites que você percebe, a parte de você que diz que "isso não pode ser feito", são apenas pensamentos. Eles podem, sem dúvida, ser mudados. Da posição de paz interior você pode criar o reflexo da luz da sua alma no mundo exterior.

Manifestar a paz interior significa antes agir do que reagir. É uma posição, uma atitude; é uma energia que você emite para o mundo exterior. Isso significa que você pode ligar-se com o universo nos seus níveis mais elevados. Imagine que existem muitos fluxos de energia à sua volta, e que você pode se decidir a operar em qualquer um deles. Um deles chama-se luta, ou muito trabalho para ter o que deseja; e um outro é chamado de alegria. Quando você está ansioso, tenso e preocupado, está no primeiro fluxo. Se, mesmo que apenas por um momento, você encontrar a paz interior, automaticamente você se juntará ao segundo fluxo, de energia mais elevada.

Há muitas pessoas neste momento criando e experimentando fluxos de energia de criatividade, paz e luz. Sempre que alcança a paz interior, você se liga a todos esses seres que estão criando esse fluxo de energia mais elevado e vivendo nele. Idéias poderão começar a surgir para você. Você pode atrair qualquer coisa de que necessite dessa posição de paz.

Para ter paz interior, você precisa estar disposto a abrir o seu coração. Quando acontece algo que normalmente o faria sentir-se na defensiva ou fechado, quando você normalmente afastaria para longe a escolha de sentir-se ferido, você tem outra escolha. Se, em vez disso, você estiver disposto a abrir o seu coração só mais um pouquinho e experimentar um pouco mais de compaixão e compreensão pelas outras pessoas, você descobrirá que é capaz de enviar-lhes amor e de criar um sentimento de paz para si próprio.

Você pode se decidir a ver o mundo como quiser.

Talvez você diga: "Sim, mas a minha vida é assim; esses são os fatos. Se ao menos esta situação mudasse, ou se eu tivesse mais dinheiro, ou se essa pessoa parasse de me irritar, eu poderia descobrir a paz interior." O que você sente como real é simplesmente um reflexo dos seus sistemas de crença e da sua mente. Se, de alguma forma, você decidir sentir a paz interior, você poderá mudar tudo o que agora sente como real – introduzindo novas idéias e crenças que poderiam funcionar de modo mais elevado e melhor.

O perdão é necessário para a paz interior. Se existirem pessoas do seu passado pelas quais sente rancor ou uma sensação negativa, você poderá em poucos minutos perdoá-las e esquecer o assunto. Se alguém não respondeu ao seu telefonema ou carta, se lhe deve algo, ou se o feriu profundamente, você purificará a sua energia se perdoar, se não ligar e se desprender. A paz interior significa livrar-se do apego a qualquer coisa que seja – seja o fazer com que uma pessoa aja da forma como você deseja, ou o fazer com que o mundo opere da maneira como você espera. Quando você se livrar desses apegos, verificará que a sua vida funcionará ainda melhor do que poderia ter esperado ou planejado. Isso não significa abandonar o controle da sua vida; significa agir a partir do seu centro de paz em todos os momentos.

Tome, agora mesmo, a decisão de poder levar a paz interior à sua vida. Tome a decisão de abrir o coração ainda mais, de ser mais compassivo, mais compreensivo, mais amável e mais clemente para com todas as pessoas que conhece. Forme na sua mente uma imagem de você próprio atravessando a próxima semana, e veja-se agindo a partir de um nível totalmente novo de paz. Veja o sorriso no seu rosto e a alegria no seu coração.

Considere uma coisa da sua vida em relação à qual gostaria de sentir paz, algo a que possivelmente tenha estado reagindo, e crie uma imagem mental de liberdade, de perdão e de afastamento, encontrando a paz interior em relação a esse assunto. Só você pode criar a paz interior. Dessa posição, você verá o mundo que experimenta, refletindo-o. As outras pessoas, os acontecimentos e as situações não precisam despertar nenhuma reação em você. Se, em vez disso, você mantiver esse centro de paz, você transformará os acontecimentos que costumavam perturbá-lo e transtorná-lo. Caso não mudem, não interferirão mais com o seu senso de bem-estar. Você verá o seu centro, a luz da sua alma e o seu ser interior refletidos e realizados no mundo em que você vive.

EXERCÍCIOS

Relaxe o corpo. Tome três inspirações profundas e deixe toda tensão se desvanecer.

1 – Lembre-se de três ocasiões em que sentiu a paz interior. Experimente, de fato, esse sentimento pacífico. Anote suas impressões abaixo.

2 – Que coisas fazem desaparecer esse seu sentimento de paz? Termine a seguinte sentença: Posso estar em paz exceto... (Por exemplo: ''Exceto quando o meu chefe está de mau humor.'')

3 – Diga a si próprio: "A parte de mim que não se sente em paz é apenas uma pequena parte, e eu agora me identifico com a energia do meu ser interior e me ligo a ele. Esse lado forte do meu ser agora está colocando mais luz nessa pequena parte medrosa de mim."

4 – Tome agora cada uma das declarações acima e transforme-as numa afirmação positiva: "O meu forte ser interior sente-se em paz mesmo quando o meu chefe está de mau humor." Ao fazê-lo, sinta a energia, a sabedoria e a confiança do seu ser interior e então desprenda-se, perdoe e abra mão de cada situação que o afasta da sua paz interior.

XIII

Como atingir o equilíbrio, a estabilidade e a segurança

Você pode criar estabilidade acalmando-se e pensando por alguns momentos antes de agir. A ação contínua, sem pausa, é apropriada para algumas das tarefas que você tem a executar, mas é inapropriada se for feita o tempo todo.

Durante as atividades do dia, muitos de vocês se entregam a um movimento contínuo, ocupando-se de uma coisa após outra, à medida que cada uma surge à sua mente ou passa diante do seus olhos. Se você quiser se sentir estável e equilibrado, pare freqüentemente durante o dia e concentre-se no que está fazendo. Mude o seu ponto de vista. Sente-se calmamente e vivencie a si mesmo e os seus pensamentos de um nível mais tranqüilo de consciência. Isso implica manter suas emoções num estado de paz e quietude. Ao mudar de posição e se sentar, colocando as mãos ao lado do corpo, você muda o ritmo da sua respiração. Quando não há outro movimento no seu corpo além dos seus pensamentos, você é capaz de pensar de um modo diferente.

Você poderá começar a sentir uma ligação maior com o seu Eu superior nesse momento. Ao descansar por um instante de suas atividades diárias, repousando o corpo, acalmando a mente e as emoções, você descobrirá muitas maneiras novas de olhar para o que está acontecendo na sua vida. Quando você está em contínuo movimento, você pensa de modo diferente de quando está sentado e quieto. O fato de acalmar o seu corpo físico permite que o seu espírito entre no seus pensamentos, especialmente à medida que você fica tranqüilo e sereno.

O equilíbrio e a estabilidade são alcançados submetendo tudo ao exame do Eu superior antes de iniciar a ação, especialmente quando se trata de assuntos importantes. Isso significa dar a si mesmo a oportunidade de considerar as coisas de muitos ângulos diferentes antes de agir; significa dar a si mesmo todo o tempo necessário para executar um bom trabalho. Muitas coisas que o fazem perder o equilíbrio podem ser evitadas se você der a si mesmo o tempo necessário para pensar antes de agir. Existe o ditado: "Olhe antes de saltar." Você precisa parar antes de iniciar cada ação, mas pode tornar a sua vida muito mais fácil e mais alegre se parar e pensar sobre algo importante antes de agir. Poderá ser a compra de um carro novo ou a assinatura de um contrato. Todas as mudanças podem proporcionar equilíbrio e paz se consideradas com bastante ponderação. Se você estiver em contínuo movimento, poderá acabar tomando decisões e fazendo coisas que redundem em crises e problemas.

Se você tem uma decisão a tomar sobre algo que considera importante, não se apresse em fazê-lo. Ao dar a si mesmo algum tempo para pensar no assunto, você analisa mentalmente muitos futuros prováveis e começa a ver as conseqüências de certas ações. Uma das qualidades do seu mundo é que ele é um lugar de ação e de reação. Sempre que você inicia uma ação, você produz ondulações, como as ondas produzidas num lago quando você atira uma pedra. Cada ação afeta futuros prováveis e produz mudanças no caminho da sua vida. Quanto mais você puder antecipar quais as coisas que serão afetadas pela sua ação e passar a agir dessa perspectiva de maior sabedoria, mais alegria e equilíbrio estarão garantidos no seu futuro.

Sua atitude determina o seu modo de vivenciar o mundo.

É o modo como você reage a certas coisas. A atitude que cria alegria é aquela na qual você interpreta o que lhe acontece através do filtro da alegria. Sua atitude e seu ponto de vista agem como um filtro. Quando você adota um ponto de vista positivo e otimista, esse filtro separa as experiências negativas e mais densas.

Sua atitude são as palavras que você usa ao falar consigo próprio. Talvez você tenha acabado de atingir uma meta que desejava cumprir. A atitude jovial lhe diz: "Parabéns: um trabalho bem-feito!" Se o seu eu jovial lhe diz palavras de louvor, ajuda-o a atrair mais dessas coisas para si. As atitudes são magnéticas, e cada momento que você passar com alegria atrairá outro momento de alegria. As emoções joviais e leves são sempre mais eficazes na sua capacidade de criar do que as emoções negativas.

A estabilidade é proporcionada pela atitude de equilíbrio. Quando as coisas lhe acontecem, sua reação a elas cria o seu equilíbrio interior. Se um amigo está enfrentando problemas e você reage de modo irado ou triste, você se afastou do seu centro e permitiu que a energia do seu amigo o afetasse.

À medida que você começar a criar mais equilíbrio e estabilidade na sua vida, você será capaz de notar quando é afetado pelos problemas das outras pessoas. Passa a ser mais evidente quando esses problemas não causam impacto na sua vida, não o afetam diretamente e, mesmo assim, você se sente deprimido ou transtornado. Observe as situações em que o seu equilíbrio é perturbado pela falta de equilíbrio de outra pessoa. O próximo passo consiste em dizer a si mesmo que pode manter o equilíbrio, que você não depende da reação equilibrada dos outros para permanecer centralizado e equilibrado.

Muitos de vocês reagem de modo instável e inseguro quando alguém está agindo dessa maneira. Quando alguém lhe fala que você fez algo errado, ou o acusa de alguma coisa, em vez de se sentir zangado você pode decidir manter o seu senso de equilíbrio, mesmo que a outra pessoa não seja capaz de fazê-lo. À medida que a energia do outro penetra em você e você começa a sentir que ela o desequilibra, perceba que você está sintonizado com a parte desequilibrada dele. Para parar de reagir dessa maneira, envie-lhe o seu amor. Ao fazer isso, você reajusta o seu próprio equilíbrio e liga-se com o seu Eu superior.

Equilibrar é encontrar o ponto médio entre os opostos. Você está sempre envolvido em manter o equilíbrio, tanto literalmente, pelo mecanismo do ouvido interior, como simbolicamente, através da movimentação de todas as coisas na sua vida. O que você imaginar que o equilíbrio é, isso ele será.

Você cria o equilíbrio visualizando-o e tendo a certeza de que essas imagens de equilíbrio são o que você quer.

Alguns de vocês definem o equilíbrio como algo aborrecido, pois se desenvolvem com coisas ligeiramente fora de equilíbrio, que criam drama e emoções intensas. Você tem visto pessoas cuja vida está constantemente transtornada, indo de uma crise para outra. O que elas imaginam como sendo o equilíbrio é ir de um lado para o outro entre dois extremos.

Para alguns, a idéia de equilíbrio e de estabilidade significa a falta de emoções, algo que pode parecer assustador. Ao atingir planos mais elevados da realidade, suas emoções ficam tão calmas como o lago imóvel que reflete cada nuvem, cada árvore. Muitas pessoas, entretanto, acham que não têm sentimentos, e farão de tudo para chamar a atenção, de medo que não lhes seja dada atenção nenhuma. Freqüentemente, as pessoas criam transtornos e problemas à sua volta por temerem que, se tudo estiver calmo, ninguém lhes dará atenção. Elas preferem receber uma atenção negativa a não receber atenção nenhuma.

Alguns de vocês dependem de emoções intensas para sentir que estão vivos. As emoções intensas e dramáticas, porém, sempre os afastam do seu centro. Alguns de vocês, quando estão bem calmos, com poucas emoções, pensam que estão tristes ou deprimidos. Sempre que você fica interiormente calmo, você começa a pensar que algo está errado? Você está acostumado a emoções fortes e intensas? Sente-se bem quando as coisas estão tranqüilas e calmas, ou começa a se preocupar com o que sairá errado logo a seguir? É preciso ter paciência para acostumar-se a ser calmo. Embora você possa pensar que seria fácil, é mais difícil para a maioria das pessoas adaptarem-se a um ambiente calmo do que a um ambiente destrutivo. Se o ambiente for calmo demais, muitos começarão a criar turbulência por estarem acostumados a isso.

As pessoas precisam de coisas diferentes para manter seu equilíbrio. Algumas precisam de um emprego fixo, outras precisam de muitas horas de folga e outras necessitam de muita atividade e de constante variedade. Faça uma breve introspecção e visualize uma época da sua vida em que sentiu equilíbrio e estabilidade. Se não puder pensar numa época, pense num símbolo que represente o equilíbrio que você gostaria de ter na sua vida. Agora imagine-se sentindo-se equilibrado no futuro. Ter um símbolo para representar algo é um modo bastante poderoso de atrair esse símbolo para si. Os símbolos operam num nível mais profundo de consciência do que as palavras e não ligam para os sistemas de crenças.

O equilíbrio relaciona-se com a moderação e não com os extremos. Manter o equilíbrio na sua vida significa fazer a quantidade certa de cada coisa. Alguns de vocês pensam que as coisas seriam melhores se ao menos tivessem mais tempo livre. Todavia, quando as pessoas se aposentam, verificam que há tempo livre demais. Existe um ponto de equilíbrio entre o trabalho e o lazer, entre o estado de sono e o de vigília, entre o tempo de estar junto e o tempo de estar separado; esse equilíbrio criará a maior paz e alegria possíveis para você. Não é eliminando os opostos que se consegue o equilíbrio. É fazendo tudo com moderação, parando quando falta energia e cavalgando as ondas à medida que elas vão chegando. Significa regular a si mesmo de modo uniforme e constante.

Alguns de vocês continuam se esforçando muito depois que a energia para fazer algo não existe mais. Faça as coisas que lhe tragam vida. Existe uma mistura apropriada de concentração e devaneio, de intelecto e intuição, de fixação e movimento para trazer alegria. A maioria de vocês precisa de variedade, e todos precisam estar sempre crescendo. Equilibrar é encontrar a mistura apropriada de atividades que suportem a sua vivacidade e lhe permita atingir o seu objetivo do modo mais jovial possível.

Algumas pessoas se sentem equilibradas quando estão calmas, outras sentem equilíbrio quando criam excitamento, quando as coisas se movimentam rapidamente e estão ocupadas tratando de muitos problemas. Alguns imaginam o equilíbrio quando as coisas vão bem e estão sob controle. Você está constantemente criando o grau de equilíbrio que terá no futuro através das imagens que tem de si mesmo no futuro.

A verdadeira segurança existe quando todas as necessidades podem ser atendidas pelo ser.

A maioria de vocês pensa que para ter segurança é preciso encontrar algo ou alguém no mundo exterior que lhe *proporcione* alguma coisa que faça você se sentir seguro. Ninguém lhe pode dar coisa alguma antes que você a dê a si mesmo. Se você não puder dá-la a si mesmo, ninguém poderá dá-la a você. Isso significa que qualquer coisa que você esteja procurando agora mesmo para sentir segurança – como o dinheiro, um namorado ou namorada, um casamento, um lar –, nenhuma dessas coisas atenderá a essa necessidade enquanto você não tiver dado a si mesmo a segurança interior.

Algumas das coisas que as pessoas pensam que precisam para sentir-se seguras são a gratidão e o reconhecimento, o louvor, o amor, a fama e a prosperidade. Muitas vezes o amor é exigido dos outros de um modo bastante específico – quantos telefonemas por semana, quantos abraços, quantas vezes a outra pessoa lhe diz "eu te amo". A necessidade de segurança também pode incluir a ânsia de sentir que o mundo é seguro, de sentir que você é especial e de se sentir parte de algo. Muitos de vocês esperam que os outros lhes dêem isso, e ficam constantemente desapontados. Você pode satisfazer suas necessidades de segurança por si mesmo – pode amar a si mesmo, acreditar que o mundo é seguro, agradecer e reconhecer suas realizações. Em última análise, somente o próprio ser pode preencher essas necessidades.

Muitos de vocês, em sua busca de um propósito maior, selecionam outras pessoas e a vida das mesmas, fazendo delas o seu propósito. Querem ficar envolvidos em suas vidas, atraí-las para si, fazer com que ouçam cada palavra sua, que atendam ao seu menor capricho e que se arrastem aos seus pés, como se diz. O desejo de ficar entrelaçado na vida de outra pessoa, de estar mais envolvido no futuro dela do que no seu pode ocultar a necessidade de cumprir o seu próprio objetivo mais elevado. Quando você procura se sentir seguro fazendo com que uma outra pessoa venha a ser o seu projeto, em vez de dar prioridade ao seu próprio crescimento, você sempre se sentirá desapontado no final. Verificará, no mínimo, que sua necessidade de crescer não pode ser atendida fazendo do crescimento de outra pessoa a obra de sua vida.

A segurança provém de ter algo na sua vida maior do que você próprio, algo que você almeja, algo que o atrai, que o arrasta e chama. Isso torna as coisas triviais e os fatos insignificantes, pequenos, por comparação. Apesar disso, muitos de vocês procuram aquele algo mais uns nos outros, em vez de procurá-lo no seu próprio crescimento.

Para sentir-se seguro, você precisa sentir que está crescendo, expandindo-se e ampliando a extensão do seu mundo.

Talvez você pense que se sentirá mais seguro mantendo as coisas inalteradas, mantendo o *statu quo*. Contudo, você só consegue segurança quando assume riscos, quando se abre e descobre mais sobre quem você é. Algumas pessoas descobriram que, ao tentarem manter o seu mundo em segurança não assumindo riscos, acabam ficando mais medrosas e inseguras. O medo sempre diminui quando é enfrentado. Você já deve ter notado que, ao fazer algo novo, você se sentiu mais corajoso e forte também em outras áreas.

Equilibrar é lidar com a quantidade de coisas que você tem a fazer a cada dia de um modo calmo e saudável e de uma maneira que contribua para o seu crescimento e para o seu bem mais elevado. Isso faz com que as coisas que você está fazendo o estimulem, e ajuda-o a acordar de manhã sentindo que vale a pena viver. Decida que você vai se tornar uma fonte radiante de estabilidade e equilíbrio para quem está ao seu lado. Dê a si mesmo as coisas de que você precisa para ter alegria e esteja disposto a aceitar um universo de paz quando ele chegar.

COMO ATINGIR O EQUILÍBRIO, A ESTABILIDADE E A SEGURANÇA

EXERCÍCIOS

1 – Pense num assunto importante da sua vida neste momento. Poderá ser uma compra vultosa, mudar de emprego, terminar um relacionamento. Anote-o aqui.

2 – Sente-se calmamente e relaxe. Deixe que os seus sentimentos interiores profundos venham à tona. Passe pelo menos cinco minutos pensando nesse assunto. Peça a orientação do seu Eu superior e a das forças mais elevadas do universo. Registre abaixo quaisquer pensamentos novos que surgirem.

3 – Permaneça nesse estado calmo e descontraído. Pense no que poderia fazer agora mesmo para introduzir mais equilíbrio e estabilidade em sua vida. Anote aqui suas idéias.

4 – Crie um símbolo para o equilíbrio e a estabilidade, ou desenhe-o abaixo. Imagine que o mesmo está crescendo, se expandindo e ficando mais poderoso.

XIV

Clareza: Como viver em mais luz

Alcançar a clareza implica divisar o quadro mais amplo, uma estrutura de tempo mais abrangente e uma perspectiva maior. Quanto mais ampla for a sua visão, mais claro você poderá ser. A capacidade de um grande mestre conhecer o propósito de uma alma neste período de vida proporciona clareza de visão e conselho. Como você pode desenvolver esse tipo de clareza na sua vida?

A maioria de vocês vive numa estrutura de tempo que implica pensar em termos de semanas e dias, em vez de anos, em vez de olhar de uma perspectiva que abarque toda a extensão de suas vidas, do seu tempo aqui na terra. Se estiver disposto a considerar a si próprio como um todo, você poderá começar a encontrar níveis diferentes de clareza a respeito do momento atual. Isso não significa que você precise conhecer a forma ou o lugar para onde está indo. Significa que quanto maior for a imagem que mantém sobre quem você é, mais claro você poderá ser. Se você ingressasse no futuro e olhasse para trás, para o dia de hoje, você poderia ver a si mesmo de uma nova perspectiva, pois a clareza é proporcionada pela mudança de perspectiva. A maioria de vocês tem certo modo de pensar, certos hábitos e padrões. Cada vez que você se libertar e encontrar um novo modo de pensar, você aumenta a clareza.

A clareza não é algo que você consegue e depois mantém, daí em diante. É um aprimoramento contínuo da sua imagem. Imagine um barco tentando encontrar um lugar para aportar perto da costa. Sob o denso nevoeiro, os homens no barco não podem ver nada, e por isso não abandonam o barco nem fazem coisa alguma. À medida que o nevoeiro desaparece e eles continuam olhando, começam a ver os vagos contornos do horizonte e da praia. Mas ainda não sabem o que há por ali, e por isso não fazem nada. Pouco depois, à medida que o nevoeiro se dissolve, o quadro se torna claro. Eles sabem o que têm pela frente e, assim, preparam-se para agir. O mesmo acontece no processo da clareza. No início, as idéias parecem vagas e nebulosas, pois é desse modo que a essência adquire forma. À medida que o processo da percepção se inicia, emerge uma nova idéia ou um novo modo de considerar as coisas, vago na forma. Muitas vezes é apenas uma sensação de que algo que você possui agora não é adequado. Isso poderá começar como um sentimento desconfortável, pois o processo de adquirir clareza é também o de abandonar a confusão. Pode ser uma ansiedade, um desejo, uma vontade ou uma necessidade. Tornar-se-á parte da sua consciência emocional depois de passar pelas suas percepções.

Normalmente, as coisas não ficam claras de repente, pois há um avanço contínuo em direção à clareza. Quando você começar a sentir aquela vaga insatisfação, aquela sensação de que algo precisa mudar, pergunte a si mesmo: "Como posso sintonizar com precisão este quadro?" Quanto mais exato você puder ser em relação à sua experiência, mais rapidamente você obterá clareza. Considere qualquer área onde haja um vago desconforto, onde haja confusão, e concentre-se nela, excluindo todos os outros pensamentos. Identifique com precisão o sentimento de desconforto. Se você se concentrasse nessa incerteza, atribuísse palavras a ela, experimentasse diversos pensamentos em relação à mesma, encontraria finalmente um ponto de vista adequado. Uma vez encontrado esse ponto de vista, você obtém clareza. A clareza provém da procura e do encontro da informação que você precisa, de ter paciência de procurar a luz da sabedoria que o ajudará na escolha que você terá de fazer.

A clareza freqüentemente implica um modo de considerar as coisas que as coloque numa forma que possa ser utilizada, que as adapte e ajuste a quem você é para que você possa prosseguir com a ação. A ação sempre é precedida de uma decisão, e a decisão é alcançada através da clareza, se você estiver operando do seu nível mais elevado.

Qual o valor da clareza? O que ela poderá fazer por você? Ela lhe poupará muito tempo; na realidade, poderá poupá-lo de ficar durante anos num passo mais lento de evolução. Ter clareza significa usar o tempo para refletir sobre os assuntos da vida. É mais importante refletir sobre eles do que levá-los a cabo. Muitos de vocês querem agir para ver os resultados. Encontrar a ação certa é bastante fácil se você estiver disposto a usar o seu tempo pensando, sintonizando o seu Eu superior, concentrando-se e criando espaço para pô-la em prática.

A clareza resulta de um estado de concentração mental no qual os pensamentos constituem o foco da atenção.

A clareza é alcançada treinando a mente a ser precisa e exata na sua definição de experiência. Ter clareza significa estar concentrado e viver num nível de energia no qual os outros não possam interferir. Quanto mais clara for a sua energia, menos você será afetado pelas outras pessoas, menos será tocado pelas expectativas ou desejos dos outros e mais claro será o seu caminho na vida. Você precisa de clareza, não só para realizar o propósito da sua vida, mas em cada área da sua existência.

Seja *claro* na sua intenção. O que você pretende fazer com a sua vida? Crescer? Ser feliz? Ser alegre? Servir? Curar? Quanto mais elevado o grau de clareza com que puder começar, mais essa energia fluirá para cada área da sua vida. O seu objetivo de vida é a coisa mais importante sobre a qual você pode ter clareza. A clareza de objetivo dirigirá energia clara a todas as outras áreas da sua vida. Você poderá dizer: ''O que é o objetivo da vida, na sua essência?'' É aquele desejo mais profundo do seu interior, o que lhe dá mais alegria, aquele em que você pensa, sobre o qual fantasia o tempo todo. É aquele anseio profundo do nível da alma, aquela motivação; é o sonho que você mantém no seu interior.

O nível seguinte de clareza, depois do nível do objetivo de vida, é a clareza de intenção. Como você pretende realizar o seu objetivo? E, o que é mais importante ainda: Você pretende realizá-lo? A clareza de intenção é a imagem, a visão que você está criando. Quando pretende fazer algo, você poderá ter ou não uma imagem clara do produto final ou objetivo. A clareza de intenção, num certo sentido, é uma imagem de onde você está indo, ou do processo que você quer vivenciar para chegar lá. Você poderá simplesmente querer criar uma vida feliz, ou poderá ter clareza na sua intenção de concluir algo.

Depois da clareza de intenção vem a clareza de motivação. Qual a sua motivação para fazer alguma coisa? Seja o que for que você faça, desejará ter clareza quanto ao motivo para fazê-lo. O que você vê como lucro? O que você quer dessa ação? A falta de clareza muitas vezes é percebida depois de uma ação ter sido empreendida, e o que foi conquistado não corresponde ao que era esperado. Você poderá ter criado algo que pensou que queria e então verificou que não era aquilo que você queria. Se você tivesse clareza em relação ao que queria, ao que esperava ganhar, teria sido mais fácil para o Universo proporcionar isso a você em muitas formas diferentes.

Existe também a clareza de acordos. Em cada nível de relacionamento, pessoais e interpessoais, em cada relacionamento comercial, em cada empreendimento comercial e em cada grupo, existem acordos não-declarados. Quanto mais esses acordos não-declarados puderem ser expressos, mais claro você será. Muitos desapontamentos e problemas ocorrem quando os acordos não estão claros, quando uma pessoa segue um conjunto de acordos e a outra segue outro conjunto. Ambas podem estar agindo a partir da clareza mas, se não se comunicarem, pode haver confusão.

A comunicação cuidadosa produz clareza.

Clareza na comunicação significa ser preciso e cuidadoso ao falar. Significa não exagerar a sua própria experiência, tornando piores as coisas que são ruins, ou fazendo as coisas boas parecerem fascinantes. Pode haver uma tendência a exagerar as épocas ruins, e isso cria uma comunicação imprecisa com o próprio ser e com os outros. Isso resulta em experiências descentralizadas, e até mesmo negativas. Preste atenção às suas palavras ao falar com os outros. Você está expressando de modo correto a sua experiência, ou está se comunicando para impressionar, para deslumbrar ou para ganhar simpatia e compreensão? Seja claro quanto ao que deseja conquistar ao falar com os outros. Você está esperando que os outros lhe dêem certas coisas? Está operando a partir de muitos acordos não declarados? É importante comunicar com clareza o que você espera se não quiser ficar desapontado. A comunicação é uma área que controla a vida que você vive e as formas que você atrai. Quando você falar com precisão e clareza, quando conhecer a intenção da sua comunicação, verificará que a experiência que você tem dos outros e do mundo está mudando.

Seja claro no seu propósito, na sua intenção e na sua motivação.

Quando você é claro no seu propósito, na sua intenção, na sua motivação e nos seus acordos, quando você é claro nas suas comunicações, a ação flui. Muitos de vocês querem começar com clareza de ação, mas é a clareza de propósito que é o ponto inicial. A clareza de percepção deixa-o criar a visão que combina com a sua motivação, com o seu interior, com o seu núcleo.

A clareza, no sentido espiritual, é um alinhamento dos corpos físico, mental e emocional com o ser espiritual. Ela pode ser alcançada por meio de várias técnicas. A aura pode ser purificada utilizando técnicas de equilíbrio de energia, e assim você pode chegar à clareza através da sua mente. A mente é uma das suas ferramentas mais poderosas. Você pode criar a clareza visualizando a sua aura e operando nela. Ligar o espírito à mente pode proporcionar mais clareza do que qualquer outro processo. Se você quiser clareza, peça que a sua alma a proporcione a você. O espírito tem as respostas, e ele tem uma conexão com os fluxos de energia do plano terrestre, que lhe trará abundância, amor, paz e qualquer outra coisa que solicite.

Pense agora em algo sobre o que deseja obter clareza. Imagine que você está subindo para o seu espírito. Imagine-o como uma energia sutil, leve. Veja-a fluindo através da sua mente, literalmente limpando a casa e reajustando os seus pensamentos segundo um padrão que permite que você se torne parte de um provável futuro, mais leve e alegre. Sinta a energia descendo pelo corpo, até que todos os seus corpos – o mental, o emocional e o físico – estejam alinhados. Se quiser conhecer mais a respeito do seu propósito de vida, ou sobre qualquer situação pessoal, pergunte. Você precisará criar a intenção e o tempo para ouvir. Disponha de algum tempo para sentar-se calmamente. Poderá não acontecer na primeira tentativa, mas se você continuar criando o espaço para que as idéias cheguem a você, isso é tudo o que é necessário.

Toda vez que você criar uma folga, um espaço para relaxar, acalme a sua mente e solicite informações, e elas lhe serão dadas. Como no caso da emissora de rádio, quanto mais espaço você criar para receber, mais mensagens você captará. Quanto mais tempo empregar para tornar-se claro – tempo para um pensar tranqüilo, ligando-se no seu íntimo às energias mais elevadas – mais você se verá agindo de formas totalmente diferentes das formas como teria agido antes. Assim você poderá eliminar oitenta por cento ou mais das atividades a que teria se dedicado antes. Meia hora dedicada a pensar e a obter clareza pode evitar que você passe anos num caminho mais lento. Você pode evoluir rapidamente num nível espiritual usando o seu tempo para obter clareza, solicitando aquilo que deseja e dispondo-se a recebê-lo.

EXERCÍCIOS

1 – Anote abaixo alguma coisa em relação à qual se sente ambivalente ou confuso, e sobre a qual gostaria de obter nova compreensão e clareza.

2 – Feche os olhos e deixe que apareça um símbolo que represente a solução mais elevada desse problema. Desenhe ou descreva esse símbolo abaixo.

3 – Imagine que você está colocando esse símbolo sobre o seu coração; solicite clareza e compreensão.

A. Que idéias está recebendo sobre como agir ou pensar?

B. Que convicção você tem sobre o resultado? Elas precisam ser mudadas para você obter uma visão mais elevada?

C. Quais as opções que você tem? Pense em pelo menos três.

D. O que *tenciona* fazer agora?

XV

A liberdade é seu direito nato

A liberdade é um sentimento interior. É a capacidade de escolher o que você quer. É saber que *você* é o capitão do navio. Liberdade é saber que você é o dono da sua própria vida, que é você quem manda nela. A liberdade é essencial para a alegria, pois em qualquer lugar em que se sentir numa armadilha, ou que se sentir privado de seus direitos, você não poderá sentir alegria.

A liberdade é importante, caso você queira levar a luz da sua alma para sua consciência. Você vive num planeta de livre-arbítrio, onde aprende sobre ação e reação, sobre causa e efeito. A realidade terrena é baseada na escolha. Seja qual for a situação pela qual estiver passando, quer você *pense* que tem liberdade ou não, você optou por estar nessa situação.

Você aprende pelo processo de tentativa e erro. Não considere a si mesmo ou aos outros errados pelas escolhas que fazem, pois você está sempre crescendo através das reações e dos efeitos das suas ações. Nessa escola terrena de livre-arbítrio à qual chama de vida, há muitas lições e desafios relativos à liberdade.

Os únicos limites à liberdade são
os que você impõe a si mesmo.

Como é que você perde o seu senso de jovial liberdade, o seu direito nato de escolha? Quando você é uma criança pequena, há muitas exigências e expectativas a seu respeito e, mesmo assim, a criança tem mais liberdade do que pode parecer. A criança é livre para responder de novas maneiras, para aprender e crescer sem idéias preconcebidas. A criança é livre para examinar as coisas mais uma vez, para considerar cada experiência pelo que é, não as categorizando ou analisando com base em experiências passadas. A criança é livre, principalmente nos primeiros anos de vida, para formar opiniões baseadas em reações naturais, e não em idéias passadas.

À medida que a criança cresce, alguns sentimentos de liberdade se perdem no processo de desenvolvimento da mente. A mente começa a procurar padrões; começa a ver associações e a relacionar coisas que seriam mais bem compreendidas como eventos independentes. Quando algo acontece, a mente começa a olhar para todas as outras coisas de natureza semelhante, exagerando, muitas vezes, o negativo por comparar a situação com lembranças do passado.

Como criança, você toma decisões importantes. Certa mulher, que muitas vezes, sentia medo de ficar perto de suas obras criativas, descobriu que, quando criança, alguém havia ridicularizado um quadro que ela havia pintado. Por isso, passou a ter medo de mostrar suas obras de arte às pessoas. Começou a esconder seus desenhos e, por fim, sentia-se mal em relação a todo esforço criativo. Ficou com medo de afirmar sua capacidade. Ela passou a identificar experiências novas com a experiência antiga e, desse modo, congelou o grau de escolha disponível em circunstâncias novas mas semelhantes. Isso levou à perda da liberdade – não estava mais livre para escolher sua resposta à sua capacidade e à sua criatividade.

As crianças tomam decisões constantes e contínuas sobre a natureza da realidade. Outra mulher achava difícil falar sobre coisas nas quais realmente acreditava. Descobriu que, quando criança, ao fazer um bolo com sua tia, havia sido severamente repreendida por um comentário que fizera. Naquele momento, ela tomou uma decisão: para ser digna de amor, precisava manter suas opiniões para si mesma. A partir dali, passou a agir de acordo com essa premissa. Isso tirou sua liberdade de reagir de modo espontâneo e de considerar cada situação uma nova experiência. Ficou com medo de falar em voz alta e ficava intimidada quanto a emitir uma opinião que pudesse ser contrariada.

A liberdade é seu direito nato. Ela pertence a cada um. Mas você poderá dizer: "Não sou livre nesta ou naquela área da minha vida. Não sou livre para deixar meu emprego, para viajar pelo mundo, ou para fazer o que quero." Você é livre – até o grau em que acredita que é livre.

Para criar mais liberdade na sua vida, não olhe para as áreas nas quais não tem liberdade; em vez disso, olhe para as áreas nas quais já criou liberdade.

Talvez você tenha a liberdade de ficar fora de casa até tarde da noite, se quiser, ou a liberdade de comprar os alimentos que bem quiser no supermercado. Para ter mais liberdade, olhe para o tipo de liberdade que já reclama como um direito seu. Sentir pena de si mesmo por falta de liberdade coloca-o no papel de vítima. Sempre que se coloca nesse papel, você perde a sua força. Em vez disso, olhe para as áreas em que não optou por ser vítima de outra pessoa ou circunstância. Todos vocês criaram liberdade em muitas áreas da vida. Vocês podem verificar que concederam a si mesmos muitas liberdades, liberdades que valorizam consideravelmente e que não permitiram que lhes fossem tiradas.

O que dizer das áreas da sua vida nas quais as pessoas estão exigindo mais de você do que você quer dar? Talvez queiram de você mais tempo, energia, amor, ou mais atenção. Talvez exijam isso de tal maneira que você sente uma perda de liberdade. Se isso estiver ocorrendo, tente perguntar a si próprio se uma parte sua quer mais tempo e mais atenção de outra parte sua do que você está disposto a conceder. Qualquer coisa que sentir que outra pessoa está tomando de você simboliza algo que você está tomando de si mesmo. Se você sentir que as pessoas querem mais atenção do que você lhes pode dar, ou que lhe fazem exigências que você não pode e não quer atender, pergunte-se: "Acaso uma parte minha está fazendo exigências que não podem ser atendidas por uma outra parte?"

As outras pessoas agem como espelhos para mostrar-lhe algo que você está fazendo a si mesmo. Nesse caso, você pode perguntar: "Estou, de algum modo, tomando algo de mim mesmo, não prestando suficiente atenção às minhas necessidades?" Você poderá começar por olhar o que são essas necessidades e decidir-se a prestar atenção às mesmas. Num determinado caso, um homem sentiu que sua namorada estava exigindo demais dele, em termos de tempo e espaço. Ele sentia prazer nas muitas horas em que trabalhava sozinho, e a necessidade dela por companhia era bem maior que a dele. Ao começar a examinar as exigências dela com mais atenção, reconheceu que em todas aquelas longas horas de trabalho ele não estava prestando atenção a si mesmo nem às suas necessidades maiores. Descobriu que não estava dedicando atenção ao seu Eu superior, que queria dormir, repousar e receber mais atenção. Em vez disso, estava trabalhando por longas e árduas horas, ignorando suas necessidades físicas e as necessidades de outras partes de si mesmo.

A mulher, que sentia que não lhe era dada a atenção e o tempo que exigia desse homem, começou a considerar isso como uma mensagem interior. Sentia que não passavam um tempo proveitoso juntos. Numa reflexão mais profunda, reconheceu que não estava concedendo a si mesma um tempo proveitoso, que estava atarefada o dia todo, reagindo às necessidades dos outros, e que não estava permitindo a si mesma distrair-se e ser alegre. Tudo aquilo de que estava acusando o seu companheiro de não lhe conceder era algo que ela não estava dando a si mesma.

A liberdade é algo que você cria para si mesmo. A liberdade não lhe é dada e não lhe pode ser tomada. Você pode optar por dispor dela e pode optar por não exigi-la, mas os outros não podem tomá-la. Somente você pode dispor dela. Existem muitas áreas de liberdade na sua vida que você sabe que *ninguém* seria capaz de tomar de você. Talvez você tenha um lugar preferido para fazer sua refeição e se sinta livre para fazê-la ali. Você sabe, no seu íntimo, que ninguém seria capaz de impedi-lo. Talvez você tenha a liberdade de ver um assunto favorito na TV, e sabe que ninguém o impedirá de vê-lo. Você pode notar que, nessas situações, ninguém tenta fazê-lo desistir.

Quando você transmite uma mensagem definida e clara para o universo, raramente precisa lutar por aquilo que deseja.

Alguma vez você já ensaiou algo antecipadamente, adquirindo bastante clareza sobre o que pretendia, e depois descobriu que nem precisava ter feito isso? Lutar para ter aquilo que você quer é uma atitude que você costuma adotar quando não está certo de merecê-lo.

Muitos de vocês que trabalham sentem que não são livres, que de um modo ou de outro, entre as nove horas da manhã e as cinco da tarde, desistiram da sua liberdade. A liberdade é uma atitude. Para sentir liberdade nessa situação talvez seja necessário olhar o quadro maior. Por que você está nesse emprego? Se for pelo dinheiro, lembre-se que escolheu livremente esse emprego para ganhar dinheiro, e que está livre, a qualquer momento, para encontrar outro meio de ganhar dinheiro. Você pode criar um sentimento de liberdade a cada momento reconhecendo que está livre para reagir, para agir e sentir do modo que escolher. Você está livre para falar e agir dentro da estrutura do seu emprego. Existe sempre um certo nível de liberdade em tudo o que você faz. Olhe para as áreas do seu trabalho nas quais você tem a liberdade de agir de uma ou de outra maneira. Concentre-se nessa liberdade e ela aumentará.

O maior obstáculo à liberdade está no modo como você pensa a respeito do mundo. A falta de liberdade não provém das outras pessoas, mas do seu modo de pensar. Muitos de vocês se privam da liberdade por não se permitirem escolher um modo de reagir a uma determinada situação. Digamos, por exemplo, que o seu amigo sempre o critica, e que você sempre reage com mágoa ou raiva. Você pode obter liberdade encontrando novas maneiras de reagir. Talvez você diga: "Oh, esse meu amigo simplesmente não conhece uma maneira melhor de agir." Ou: "Talvez esse meu amigo seja muito crítico em relação a si mesmo e só esteja me criticando por ser esse o seu modo de falar a si mesmo." Você pode optar por ser compassivo e não levar as coisas para o lado pessoal. Você pode optar por permanecer centralizado e equilibrado mesmo quando outras pessoas à sua volta não o estão. Essa é a liberdade máxima, a liberdade de escolher o seu modo de reagir e de ser, a liberdade de agir de modo a aumentar a sua energia.

A maioria das pessoas reage das formas habituais, em vez de fazê-lo examinando suas reações. Compreenda que você pode escolher o modo como reagirá e responderá a tudo no Universo. Quando certas pessoas têm prazos, começam a se apressar, acelerando tudo. Outras reagem adiando e terminando tudo no último momento. Outras reagem com depressão, sentindo que a tarefa é opressiva, ao mesmo tempo que sua voz interior lhes diz que nunca conseguirão levá-la a termo. Você é livre para escolher: você quer reagir de modo a se sentir infeliz ou indisposto consigo mesmo ou prefere reagir de modo a promover o seu senso de valor próprio e a sua auto-estima?

As outras pessoas reagem a você do modo como os seus planos e crenças lhes ditam. O poder vem do conhecimento de que você pode escolher. Você não precisa mudar as outras pessoas; você pode mudar a sua reação a elas. Quando você opta por se sentir bem, você não depende de que as outras pessoas ajam de determinado modo para que você se sinta bem. Para que possa atrair pessoas que o apóiem, apreciem e reconheçam, você precisa antes optar por apoiar, apreciar e reconhecer a si mesmo.

O modo como você apóia e reconhece a si mesmo se refletirá no modo como os outros o apoiarão.

Toda vez que você opta por se sentir bem em relação a si próprio, mesmo quando alguém o critica, rebaixando-o ou agindo de um modo a que você costumava reagir com sofrimento, você está optando pela alegria. Toda vez que você faz isso, você cria liberdade na sua vida. Você está livre da necessidade de que as outras pessoas ajam de determinada maneira para que se sinta feliz. Você está livre de suas próprias expectativas.

Muitas vezes, a mágoa surge quando você fica preso aos detalhes, em vez de apreciar o quadro na sua amplidão. Por exemplo, uma mulher ficou muito desapontada com o seu companheiro quando este não lhe trouxe flores. Imaginava que receber flores significava que era amada. Toda vez que pensava nele sem trazer-lhe flores, sentia-se magoada. Não estava livre para escolher a alegria por causa de suas próprias imagens interiores. Quando começou a olhar para a verdade, para o quadro em sua amplidão, reconheceu que aquele homem a amava profundamente, era muito dedicado a ela e não considerava o gesto de dar flores como uma prova de amor. Ao olhar para todas as coisas boas que existiam entre ambos, ela reconheceu que estava ficando presa às suas próprias expectativas; estava escolhendo a mágoa por hábito.

Para ter liberdade, esteja disposto a dar liberdade.

Você não pode ser dono de outra pessoa, nem pode manter um relacionamento de igualdade quando tira a liberdade dos outros. Todos têm o direito de fazer o que é vivificante e orientado para o crescimento. Muitas pessoas acabam por abandonar relacionamentos por não lhes ser concedida a liberdade da qual precisam para crescer. Algumas se sentem ameaçadas pela necessidade de liberdade do parceiro ou cônjuge. Interpretam um pedido de mais liberdade como afastamento, e não como tentativa da outra pessoa de procurar o seu Eu superior.

Ironicamente, quanto mais liberdade você concede às pessoas, mais elas querem estar com você. Você exige dos outros coisas que não gostaria que exigissem de você? Espera que contem tudo a você, que vivam segundo suas idéias e que estejam à sua disposição sempre que você quer? Seja qual for o grau de liberdade que você toma dos outros, esse é o grau de liberdade que você toma de si mesmo.

Imagine um prisioneiro sentado numa cela com um guarda vigiando-o vinte e quatro horas por dia. A questão é a seguinte: quem realmente é o prisioneiro, o guarda ou o preso? Se você sente que tem de vigiar os outros o tempo todo, que não pode confiar neles ou dar-lhes liberdade, você está numa armadilha tanto quanto eles. Muitos de vocês perdem a liberdade por estarem cuidando com excessivo rigor das coisas que não querem que lhes sejam tomadas. Talvez você esteja cuidando do seu cônjuge, das suas propriedades, dos seus filhos ou da sua família de tal modo que passa mais tempo protegendo-os do que procurando o seu próprio crescimento.

Muitas vezes, o ciúme que você sente provém do medo de que alguém esteja oferecendo a uma outra pessoa algo que não oferece a você. Se você examinar o assunto, verá que, na maioria das vezes, é algo que não está oferecendo a si mesmo. Se ficar com ciúmes quando o seu cônjuge der atenção a alguém e quiser reduzir a liberdade dele para que não possa fazê-lo, não se precipite. Talvez o seu Eu superior não esteja recebendo a atenção que está pedindo.

O ciúme tira a liberdade de ambos, de quem está com ciúme e de quem está dominando. Se você der a si mesmo aquilo de que necessita – seja atenção, amor ou outra coisa – você não sentirá ciúme. Verificará que pode obter satisfação de muitas fontes, e não apenas da pessoa a quem ama. O ciúme implica escassez, ou seja, que não há o suficiente. A liberdade implica abundância, ou seja, que existe o suficiente.

Determine agora que dará liberdade a qualquer pessoa que esteja perto de você.

Deixe que as outras pessoas cometam os seus erros e descubram as suas alegrias. Posso garantir que em qualquer ocasião em que conceder liberdade aos outros, eles tratarão você com amor e respeito ainda maiores. É preciso que a pessoa seja bem-ajustada, equilibrada e segura para dar liberdade aos outros. Esta é uma grande dádiva para eles e para si própria, pois o prisioneiro não precisa mais ser vigiado, de modo que o carcereiro também fica livre.

Você é livre quando pode escolher sua maneira de reagir. Se puder optar por reagir com alegria e prazer, se puder optar por reagir vendo o lado positivo, procurando acertar sempre, isso significa que você alcançou o máximo de liberdade: a liberdade de ser e de agir de modo a refletir a sua verdade mais profunda.

EXERCÍCIOS

1 – Anote pelo menos três áreas nas quais você dá liberdade a si mesmo.

2 – Existem áreas da sua vida nas quais *não* se sente livre? Exemplo: Não sou livre para voltar a estudar.

3 – Você acha que seria possível ter liberdade nessas áreas da sua vida? Em caso positivo, decida-se a ter liberdade nessas áreas. Talvez seja preciso algum tempo para que essa liberdade apareça na sua vida diária, mas para que haja liberdade é preciso começar pensando nela. Transforme cada uma das declarações acima numa afirmação positiva naquelas áreas em que sente que a liberdade é possível. Exemplo: Agora estou livre para voltar a estudar.

XVI

Para aceitar o novo

Estar aberto para aceitar coisas, idéias e pessoas novas na sua vida cria uma capacidade sempre crescente para a alegria. Existe um pensamento geral de que o futuro poderia ser pior do que o presente. Isso cria a necessidade de nos apegarmos ao que temos, de congelar as coisas como estão e de impedir que ocorram mudanças. Isso leva a muito sofrimento.

Aceitar o novo significa estar aberto para ter mais. Muitos de vocês pensam que o que criaram até agora é o melhor que podem fazer. Você faz algo e pensa que a sua primeira tentativa é a melhor. Mas na segunda e terceira tentativas poderá fazer ainda melhor. Ao criar coisas na vida, você se torna melhor e mais talentoso. É esse o processo da vida. Uma criança que começa a andar pela primeira vez cambaleia e é insegura. À medida que vai praticando, ela se torna forte e firme nos seus passos. O mesmo acontece com cada coisa que você faz, pois a vida é como uma espiral na qual você circula sem parar, muitas vezes pelos mesmos problemas, mas a cada vez de uma perspectiva mais elevada.

Abrir-se para as coisas novas significa confiar e ter fé em si mesmo e nos outros. Significa acreditar que o futuro encerra alegria e esperança. Significa acreditar no seu crescimento e na sua orientação. O coração é o centro da fé, da confiança e da crença. Abrir-se para o novo significa abrir o seu coração. Disponha-se a sair dos seus limites e pontos de vista normais, vendo o mundo de forma diferente. Confie em que o mundo é seguro e saiba que você é o diretor e produtor de tudo o que ocorre na sua vida.

Abrir-se para o novo requer disposição de considerar o velho sem ódio, raiva ou desgosto, mas com compaixão. Muitos de vocês terminam um relacionamento com raiva, ou compram um carro novo quando estão furiosos com o carro velho que possuem. Essa é uma maneira de deixar o velho e abraçar o novo. À medida que trilha o caminho da alegria, você pode aprender a se abrir para as coisas novas enquanto está num estado de aceitação e de paz com as coisas velhas.

Quando as coisas não estão indo bem, por vezes você reúne a motivação e a energia para mudá-las através da raiva ou escolhendo o sofrimento. Abandonar o velho e aceitar o novo não precisa ser algo difícil. Quando você começar a pensar no que deseja, e como gostaria que a sua vida fosse, você começa de maneira fácil e automática a atrair o novo para você. Se você quer algo que só poderá conseguir quando uma outra pessoa mudar ou agir de modo diferente, isso quer dizer que você não tem poder ou controle sobre o assunto. Você tem poder ou controle unicamente sobre as suas próprias emoções e reações.

Se você quer algo novo, esteja aberto para recebê-lo de qualquer lugar e de qualquer pessoa.

Esteja aberto para as surpresas e para as coisas novas. Mantenha o coração aberto. Alguns de vocês experimentam uma sensação de vulnerabilidade ou de medo quando pensam em introduzir pessoas ou coisas novas na sua vida. O que vocês chamam de tensão ou ansiedade antes de um evento pode ser visto, em vez disso, como a concentração de sua energia com o objetivo de prepará-los para algo novo. É uma mudança que visa prepará-los para algo mais sutil e elevado. Você poderá sentir que precisa, primeiramente, dominar o medo e a ansiedade, antes de se decidir a realizar algo. Entretanto, todos têm esse sentimento de tensão, até certo ponto, antes de tentar coisas novas; este é um período em que a energia se concentra para fazer a mudança para uma vibração mais elevada.

Tudo o que acontece com você ocorre simplesmente para ajudá-lo a alcançar um nível mais elevado de evolução. Mesmo as coisas que você chama de negativas ou más acontecem para mostrar-lhe novos modos de reagir, de forma que você possa ser mais eficiente no futuro. Se lhe parecer que está passando pelo mesmo problema de antes ou que uma determinada situação está ocorrendo repetidamente, saiba que a cada vez que acontece, isso se dá de uma maneira nova. Aceite o que é novo nesse padrão ou situação e observe como foi bem-sucedido quando se decidiu a levá-lo para um nível mais elevado. Talvez você esteja mais consciente da situação do que antes, ou seja capaz de entendê-la melhor. Talvez você esteja menos envolvido emocionalmente e se sinta mais capaz de observar o que está acontecendo. Cada dia traz consigo novas circunstâncias, desafios e coisas que lhe permitem a oportunidade de crescer.

Uma atitude de franqueza e de receptividade lhe trará muitas coisas boas. Abandone o medo de que o futuro possa significar que você terá menos do que tem agora, ou de que ele possa tirar algo de você. Abra-se para as idéias de que você será mais sábio, mais forte e poderoso amanhã e de que, seja o que for que crie, será ainda melhor do que aquilo que já possui. Esteja aberto para novos conceitos e para novas palavras. Eles representam, muitas vezes, o modo como o Universo lhe traz os sinais indicadores do rumo que você deve tomar no seu próximo passo.

A abertura para o novo pode ser experimentada de várias maneiras. Muitos de vocês precisam sentir energia, excitação e aventura. Muitas vezes você culpa o seu parceiro pelo fato de a vida parecer insípida e rotineira, ou culpa o seu emprego de ser monótono. Você *pode* criar esse sentimento de excitação em tudo o que faz, e pode fazer isso de uma maneira simples. Altere a sua rotina matinal, levante-se mais cedo, deite-se mais tarde, e faça algo diferente quando sai do trabalho e volta para casa. Mesmo as menores mudanças podem estimular um sentimento de vitalidade.

Cada vez que você aceita algo novo,
você proporciona a si mesmo
um sentimento de vitalidade.

Seu coração se expande, e você literalmente começa a revitalizar-se e a rejuvenescer o seu corpo. A vida sempre busca o crescimento, a expansão e a evolução. Ao experimentar o novo, você consegue ver mais acerca de quem você é. Você não precisa considerar erradas as coisas velhas; em vez disso, crie a novidade naquilo que é velho. O crescimento só é interrompido e os relacionamentos só se tornam enfadonhos quando você não consegue ver o novo nas coisas velhas. Talvez você já tenha visto pessoas que estão juntas há muitos anos e que agem de modo vibrante, jovem e amoroso. Ao examinar esses relacionamentos, descobrirá que essas pessoas estão fazendo coisas novas, criando novos projetos e introduzindo um sentimento de vivacidade em suas vidas pessoais. Eles estão, provavelmente, conquistando um novo território, abrindo-se para a aventura e sentindo-se vivas individualmente, seja qual for a característica que isso tenha para eles. Muitas vezes as pessoas que têm estado juntas por um longo período de tempo passam a não dar o devido valor à outra, deitando-se à mesma hora todas as noites, levantando-se e dirigindo-se para o mesmo emprego e fazendo as mesmas coisas nos fins de semana. Tudo isso leva a um sentimento de contração em volta do coração e a uma sensação de tédio e de imobilidade.

Abrir-se para o novo é uma maneira de rejuvenescer o corpo, de expandir aquela sensação de assombro e de admiração que é semelhante à de uma criança. À medida que vão ficando mais velhas, muitas pessoas reduzem suas fronteiras: começam a procurar o que é confortável, familiar e seguro. Seu mundo se torna estreito e limitado. Sua vida passa a se concentrar mais nas coisas triviais do que nas coisas grandes. Você já deve ter visto pessoas cujas preocupações são tão pequenas que você nem as leva a sério. Elas não estão mais crescendo para ocupar o quadro maior de suas vidas.

Você é uma nova pessoa a cada dia.

Todas as manhãs, ao levantar-se, você literalmente nasce de novo. A cada dia novos pensamentos ocorrem à sua mente, você encontra pessoas novas e tem coisas novas a fazer. Ao levantar-se e ao iniciar o seu dia, você não precisa pensar no passado e recordar-se dos erros; em vez disso, concentre-se no futuro e no que você vai criar daí para frente.

Experimente novas rotinas a cada dia; veja se pode fazer até mesmo as coisas pequenas de forma mais consciente. Quando faz coisas novas, você está consciente e percebendo o momento atual. Está prestando atenção, totalmente alerta. Fazer coisas novas revigora o corpo físico.

Você precisa ser capaz de fazer muitas coisas de modo automático para viver. Sua respiração e muitas das suas funções corporais são controladas automaticamente. Quando criança, seu sistema nervoso se desenvolve de modo a aprender a selecionar as informações, pois quando recebe um volume demasiado grande de informações sua concentração se dilui. Assim, no desenvolvimento do seu ser, existe um equilíbrio subjacente entre a concentração nas coisas que necessitam de atenção e a capacidade de não se distrair com detalhes insignificantes, triviais e constantes. Quando criança, você desenvolveu uma consciência seletiva, deixando de sintonizar muitas coisas no seu universo, de modo a poder sintonizar outras.

Foi-lhe concedida a capacidade de fazer muitas coisas de modo automático, tornando-as rotineiras ou habituais, para poder concentrar-se nas coisas verdadeiramente importantes. Entretanto, devido a essa capacidade, muitos de vocês reagem automaticamente às coisas que deveriam ser examinadas. Muitas das coisas que vocês tomam como naturais criam desconforto e falta de bem-estar.

Ao experimentar coisas novas, você começa a reexaminar todas as coisas habituais e rotineiras às quais você não deu valor. Muitas pessoas escolhem empregos que envolvem perigo ou tensão, de modo a poderem experimentar a conscientização e atenção requeridas para permanecerem vivas. Elas precisam viver no momento atual. Pilotos de carros de corrida, alpinistas e pessoas que se colocam em situações nas quais a atenção necessita estar concentrada e totalmente alerta, conhecem essa experiência de aventura e vitalidade. Ela ocorre quando você não pensa de modo automático, mas está totalmente consciente de cada ação. À medida que aceita o novo, você começa a submeter à consciência as coisas que poderão ter sido rotineiras. Começa a sentir a consciência do presente e a viver no momento atual.

O poder nasce do fato de você viver no momento atual, em que você pode agir e criar o futuro.

Assim, ao aceitar o novo, lembre-se de que as coisas sempre ficarão melhores; nada lhe é tomado a não ser que algo melhor esteja chegando. Cada ciclo de involução é seguido de um grande salto para a frente. É fácil aceitar o novo. Faça-o como uma criança. Você tem visto como as crianças pequenas aceitam tudo como uma nova experiência. Pode ser fácil abrir-se e aceitar o novo se você o imaginar assim. Mantenha na sua mente a imagem de que o futuro é positivo, e de que será melhor do que tudo que você jamais conheceu. À medida que for crescendo e evoluindo, o que você criar será ainda mais alegre do que aquilo que agora possui.

PARA ACEITAR O NOVO

EXERCÍCIOS

1 – Pense em pelo menos três coisas, habilidades e experiências novas que introduziu na sua vida no ano passado. Ao anotá-las, pense em como se sentiu quando as descobriu ou quando as trouxe para a sua vida.

2 – Registre aqui os sentimentos que teve depois que você se abriu para essas coisas novas:

3 – Agora, anote pelo menos três experiências ou habilidades novas a aprender que gostaria de introduzir na sua vida no próximo ano:

XVII

Um salto quântico

Novas idéias e novos movimentos para a frente nem sempre ocorrem da forma como a mente espera. Ao imaginar o que é mais elevado para você, é importante que você use a mente para elevar-se e exteriorizar-se; deixe que a sua mente alcance as imagens iniciais do que você deseja. À medida que a mente cria os quadros, essas imagens seguem para a luz da alma, para o ser interior que cria esses quadros. A alma então fornece à mente novas idéias e visões. Poderá parecer, por vezes, que você pensa naquilo que quer e que, no momento em que o recebe, é diferente daquilo que originalmente pediu. Isso se deve ao fato de que a mente, ao requisitar algo, ativa automaticamente os recursos do ser maior. Quando o pedido retorna, ele retorna na sua forma mais elevada.

Talvez você já se tenha surpreendido com o fato de que algumas das coisas que pediu levaram muito tempo para chegar. Os saltos quânticos envolvem tempo e a sua capacidade de manifestar as coisas. Se você voltasse e olhasse o que pediu no passado, verificaria que muitas das coisas que não recebeu você não as quer mais, e que as coisas que eram para o seu bem, você já as possui. Algumas das coisas que você está se preparando para ter chegarão mais adiante.

Outro nível a partir do qual você opera, além da mente, é o espírito. O espírito lhe diz como obter as coisas, não através da mente, mas por meio de coincidências, sentimentos e emoções. Depois de usar a mente para dizer ao Universo aquilo que quer, comece a prestar atenção nos seus anseios espontâneos e criativos. Poderá parecer que eles não se relacionam com o objetivo que você quer alcançar. Por exemplo, talvez seja como se você estivesse empenhado em alcançar um grande sucesso financeiro e, de repente, quisesse aproveitar o verão para estudar algo diferente. Ao confiar nos seus anseios interiores, ao estudar algo diferente, você poderá notar o apareciamento de idéias que lhe proporcionam a riqueza que queria. A alma está sempre a indicar-lhe o caminho correto a tomar, mas você precisará dar um salto de fé e confiança e agir de acordo com essa orientação interior.

Se você estiver disposto a fazer uma mudança substancial na sua vida, você vai querer mudar as crenças que o impediram de fazê-lo no passado.

Se você for bastante claro na sua intenção de mudar de um ponto para outro, de um nível de prosperidade financeira para outro, por exemplo, ou de um nível de sucesso criativo para outro, você terá de passar por algumas mudanças. Porquanto, se já estivesse nos vários níveis de personalidade de emoções e de mente, não precisaria fazer nada. Você já teria aquilo que deseja. Uma mulher aproximou-se de mim e disse: ‘‘Quero ser milionária. Hoje não posso nem pagar o meu aluguel, mas quero ser milionária, e gostaria de sê-lo o quanto antes.'' Se ela *acreditasse* de fato nisso, já seria milionária.

Quando você pede um salto quântico ao Universo, esse pedido se eleva da sua mente para o seu espírito. O espírito começa então a transmitir de volta sinais à sua mente e aos seus eus emocionais, dizendo-lhes como criar as mudanças que você deseja. Mas é necessário que preste atenção a esses sinais. As mudanças deverão ocorrer em muitos níveis para que você possa vencer essa nova etapa. No caso de pedir mais prosperidade financeira, por exemplo, a pessoa precisaria aprender muitos dos princípios de criar dinheiro. Portanto, sua alma poderia orientá-la a ler muitos livros ou a procurar alguém que a ensinasse e instruísse. Pode ocorrer que ela não esteja disposta a abandonar suas velhas imagens de falta de dinheiro. Pode ser que o coração ainda não esteja suficientemente aberto para acreditar que ela pode receber e merecer esse tipo de dinheiro. Desse modo, muitas lições lhe serão enviadas para ajudá-la a abrir o coração. De fato, talvez o seu nível de confiança esteja tão subdesenvolvido que a obtenção do dinheiro pode ser adiada enquanto ela desenvolve sua fé e sua confiança.

Seja o que for que você peça, talvez precise abandonar algo para recebê-lo. Se pediu dinheiro, talvez tenha que abandonar as imagens de sua falta, todas as maneiras de viver que refletem essa falta e todos os seus modos de gastar e de comprar. Sua alma lhe apresentará muitos desafios e lhe proporcionará muitas oportunidades de crescimento para ajudá-lo a afastar essas imagens de carência. O dinheiro poderá vir, de início, em pequenas doses, de modo que você possa demonstrar sua disposição de gastá-lo em coisas que criem prosperidade. Finalmente, à medida que a energia sofre transformações no seu interior, à medida que seus programas, suas decisões e suas crenças são reformulados, as idéias começarão a fluir, idéias concretas e específicas quanto ao modo de criar a soma de dinheiro que você deseja. Poderá transcorrer um ano ou dois, ou até mais, antes que os programas que envolvem a falta de abundância sejam suficientemente aclarados para que surja a idéia específica. A partir daí você continuará a criar muitas maneiras de atrair a riqueza e a aprimorá-las até que a riqueza seja um fato.

Algumas pessoas param no meio do caminho quando algo não ocorre de imediato, pois sua mente não consegue ver a conexão entre as lições que estão recebendo e o seu pedido de uma mudança substancial. Sua mente poderá até mesmo interpretar que alguns dos eventos as estão levando na direção errada e que, embora estejam pedindo algo repetidamente, o oposto é que está ocorrendo. Entretanto, se você olhar para o quanto está crescendo em ter o oposto do que deseja (ou do que isso aparenta ser), verificará que, de fato, esses eventos estão trabalhando nas suas energias e estão abrindo você do modo adequado para que possa vir a ter o que está pedindo.

Por exemplo, uma determinada mulher solicitou um aumento de cem por cento em seu salário mensal. Pouco depois, seu chefe teve de cortar-lhe o salário pela metade, devido a problemas comerciais. Parecia a ela que estava recebendo o oposto do que havia pedido. Entretanto, começou a pensar em iniciar o seu próprio negócio num ramo semelhante, algo que vinha querendo fazer havia anos. O corte no seu pagamento tornou-se um motivo para que ela se decidisse a abrir o seu próprio negócio. Vários anos depois, ela conseguiu realmente ganhar o salário que havia solicitado, mas no seu próprio negócio.

Como você pode ver, a mudança envolve muito mais do que um simples pedido para ter o que deseja. Pode ser que você precise fazer uma introspecção, aumentar sua fé e sua confiança e abrir o seu coração. Você precisa confiar na sua orientação interior e nos seus impulsos internos para sair do seu atual nível de abundância rumo a um nível mais alto. Você também precisa deixar de lado muitas imagens antigas a respeito de quem você é. Muitas oportunidades de crescimento lhe são oferecidas para que mude essas imagens mentais. No nível da alma, é sempre uma alegria crescer, e a alma está constantemente preocupada com o seu crescimento. Não importa se você está crescendo através do sofrimento ou da alegria; o crescimento é a meta final, o crescimento necessário para que você tenha o que decidiu ter. A alma deixa que a sua mente opere com livre-arbítrio na escolha das metas que você deverá atingir ou dos saltos quânticos que desejar dar.

Quanto mais puder elevar a sua mente, tanto mais poderá aliar-se ao crescimento da sua alma. À medida que a sua mente pensa em novas idéias, ela se eleva e se junta ao seu espírito, que está acima das energias mais densas do plano terrestre. O espírito responde a você através das suas emoções e, com maior freqüência, através dos seus sentimentos, proporcionando-lhe uma sensação ou anseio de algo que ela deseja que você faça. Quando surgem tais sentimentos e anseios, por vezes você desejará ignorar sua mente (não considerá-la errada), pois a mente muitas vezes buscará razões e explicações antes de iniciar uma ação. Se você tiver um forte anseio de fazer algo, é importante que você o atenda. Talvez a mente procure criar razões pelas quais você deva ou não seguir o anseio, pois a mente segue os programas que lhe são familiares. Seus anseios provêm da alma, que possui um quadro bem mais amplo do que a sua mente pode conceber de como conseguir o que você deseja. Ela o leva em direções que a sua mente não consegue prever.

Ao dar um salto quântico, portanto, você desejará tomar a decisão de seguir sua orientação interior, os anseios internos do seu nível de sentimentos, da sua alma. Existem dois níveis de realidade. Num deles a sua mente estabelece uma meta, é bastante clara na sua intenção, toma a decisão de atingi-la e compromete a sua vontade. O segundo nível é o nível da alma; a partir dele, o Eu superior se expande em todas as direções e atrai você para as coincidências, as pessoas e os eventos que criam aquilo que você deseja. Isso acontece além do nível da mente; você precisa seguir seus anseios e sua orientação interior para esse fluxo.

Você pode determinar a rapidez com que quer que isso aconteça.

Para encurtar o tempo entre o pedido do que você quer e o seu recebimento, comece por deixar bem claro quais são as suas metas. Alguns de vocês são tão poucos específicos que ficam com a mente divagando, nunca fazendo solicitações claras à alma; dessa forma, sua alma leva muito tempo orientando a mente para saber claramente o que vocês querem. Quanto maior a correção e precisão com que você afirma o que quer em qualquer área da sua vida – com diretrizes e passos exatos –, maior a rapidez com que você o terá. Pode ser que não o obtenha na forma precisa em que o solicitou, mas sua alma criará para você a essência daquilo que você deseja.

Ao ser preciso, você está formulando a essência. A essência é o crescimento que você está buscando em qualquer salto quântico, e eu lhe sugiro que, em relação a qualquer coisa que tenha solicitado, você pergunte: "Qual é a essência disto?" Se observar o que procurou criar, você verificará que sempre obteve a essência de tudo o que pediu. Por exemplo, se desejou um relacionamento amoroso, talvez tenha simplesmente desejado sentir-se amado. Sua alma pode conceder-lhe o amor de muitas maneiras, talvez através de um amigo íntimo, de uma criança ou de um animal de estimação; através de uma promoção no seu emprego, ou sob qualquer forma em que você aceite o amor. Se você quiser criar um corpo mais proporcional, a essência que você deseja poderá ser mais amor-próprio. Se estiver disposto a buscar a essência nos seus saltos quânticos, você será capaz de criá-los com muito mais rapidez.

Se estiver tentado a voltar ao passado e dizer: "Bem, eu queria tal coisa, mas não a consegui", olhe para o núcleo, para a essência daquilo que você pediu. Eu diria que você a obteve de vários modos. A alma é bastante criativa na interpretação dos seus desejos. A alma tem que ser criativa, pois a mente é muito limitada na sua capacidade de pedir. A alma toma qualquer pedido de crescimento e o expande em todas as direções possíveis.

Existem alguns acordos entre a mente e a alma. Um deles é o de que a mente procurará as áreas específicas em que o crescimento deve ocorrer. Nesse meio-tempo, a alma expande as imagens e escolhas da mente. A mente pode agir ou não de acordo com as oportunidades da alma. Desse modo, existe uma constante interação entre a alma e a mente, assim como existe uma dança entre a mente e o corpo. A mente cria a imagem daquilo que deseja e envia os dados ao corpo. O corpo pode aceitar a orientação que a mente está proporcionando e agir de acordo, ou pode optar por não fazê-lo.

Um salto quântico freqüentemente exige mudanças emocionais.

Quando as suas emoções são pesadas, tristes ou negativas, a aura em volta do seu corpo torna-se densa. É como guiar um carro com o pára-brisa sujo. Você não pode ver com clareza e nem a distância. A luz da sua alma não aparece de forma brilhante. Sua alma o orientará para que olhe as áreas da sua vida que estão criando distúrbios emocionais e para que deixe de reagir às mesmas. Encontre meios de acalmar suas emoções, pois as emoções calmas diminuem o tempo de que você precisa para atingir suas metas. Quando você está calmo e tranqüilo, sua alma surge em meio às suas emoções para dar-lhe a orientação interior. A alma determina o rumo a seguir através do corpo emocional, na forma de anseios, discernimentos e dessas intuições súbitas que o levam a novas arenas.

Dar um salto quântico não significa procurar livrar-se da preocupação ou do desapontamento, mas criar prazer e alegria. Observe as ocasiões em que realizou algo grande e verá a motivação do desejo que levou a criá-lo. Muitas vezes você diz: "Eu *deveria* fazer isto, ou criar isto ou aquilo, para me tornar feliz." Se fazer essas coisas lhe traz apenas uma sensação de alívio, é provável que você continue tratando isso como um "deveria", e não como um fato consumado. É preciso que você encontre o desejo, a motivação para as coisas que você quer fazer. Você precisa de uma grande motivação e de um real impulso interior para dar um salto quântico. Isso acontecerá se se tratar apenas de algo que a sua mente criou como uma coisa agradável a fazer, ou de algo que poderia parecer bom. Precisa ser algo que você possa tentar alcançar em todos os níveis, que excite as suas emoções, algo que você realmente queira fazer.

Ter aversão à pobreza, por exemplo, não é o suficiente para sair dela. Você precisa realmente querer e gostar de ganhar dinheiro, se quiser ter dinheiro. Você não pode conseguir aquilo que quer simplesmente odiando a sua falta. Assim, pergunte-se, ao olhar para o salto quântico que deseja dar, qual *é* a sua motivação. Se verificar que não existe nenhuma motivação a não ser de aliviá-lo do sentimento de indisposição em relação a quem você é, pergunte-se: "O que posso criar como motivação?" As coisas que você cria e persegue são coisas sobre as quais se sente altamente responsável, que lhe trazem grande alegria e deleite. Você pode sempre ter o dinheiro necessário para algo que quer fazer. Você pode sempre encontrar o tempo necessário para algo que o excita. E acontece a mesma coisa quando se trata de dar um salto quântico. Se existe uma área na qual você acha que *deveria* fazer uma grande mudança, mas ainda não a fez, pergunte-se se realmente tem a intenção de fazê-la. Você conhece a diferença.

Se estiver trabalhando para conseguir dar saltos quânticos que ainda não ocorreram, saiba que tudo o que estiver fazendo agora mesmo na sua vida está deixando você mais próximo da sua meta. Entre no seu interior por um momento e pergunte-se: "Qual o salto quântico que estou em vias de dar?" E de que forma algo que aconteceu na semana passada, ou mesmo hoje, poderia estar me preparando para dar esse salto?"

A mente funciona melhor se tiver pontos de referência fixos no seu progresso ao longo do caminho.

Sob alguns aspectos a mente é como uma criança. As crianças não querem pensar em cursar uma escola superior quando têm dois anos de idade. Elas querem pensar em comer ou nos amigos. Com a mente acontece o mesmo. Crie amanhã algo que seja encantador – um pequeno passo, ou um pequeno ponto de ação que o deixe um passo mais próximo da sua meta. A mente gosta de ter pontos de referência e da sensação de realização. O que seria encantador para você criar amanhã e que o deixaria um passo mais próximo do seu objetivo mais elevado? Ao mesmo tempo, pergunte-se: "Existe algum anseio interior que eu tenha agora a respeito de algo que eu quero fazer e que venho postergando?" Algo que você pensou que poderia tomar tempo demais ou que poderia estar fora de cogitação?

Fazendo isso, você pode começar a trabalhar com as suas emoções e com a sua mente para se aproximar cada vez mais de um salto quântico. "Qual é o meu anseio interior de hoje?" "O que posso criar para que a minha mente veja que estou agindo para me aproximar da minha meta?" Se a cada dia você acordar e perguntar isso a si mesmo, haverá um progresso bem maior no seu salto para a frente. A mente gosta de ter a sensação de que completou as coisas; é preciso mantê-la satisfeita. As emoções também são muito mais alegres quando conseguem ver o progresso. Esteja consciente de que os processos atuais que você adota talvez se revelem desnecessários. Eles poderão, não obstante, ser bastante satisfatórios e produzir uma sensação de progresso. A mente, é às vezes incapaz de relacionar o que está acontecendo à sua volta – telefonemas, os problemas particulares que surgem – com um movimento para a frente. Muitas vezes você tem uma grande imagem ou visão, mas cada pequena peça do quebra-cabeça está acontecendo no momento atual, e pode ser que não pareça enquadrar-se no todo. Mesmo um comentário feito por um amigo, ou um telefonema, pode muito bem fazer parte do seu movimento para a frente. A mente, não conhecendo todas as áreas que estão sendo abertas, ou todas as crenças que estão sendo alteradas, muitas vezes não consegue ver o padrão e o movimento. Não pensa que você está crescendo ou que a sua meta está sendo atingida. Se ela ficar impaciente ou incrédula, pode embotar suas emoções e tornar o salto mais difícil. Se você puder conceder à sua mente a satisfação de ter realizado uma ação, isso também irá ajudar suas emoções.

Pergunte a si mesmo que passo você gostaria de dar que seria um passo rumo à sua meta. Pergunte a si mesmo se você tem sentido anseios interiores por algo que poderia fazer no próximo mês. Não precisa nem mesmo parecer relacionado com a sua meta.

Tome a decisão de que você o fará.

UM SALTO QUÂNTICO

EXERCÍCIOS

1 – Que salto quântico você gostaria de dar na sua vida?

2 – Existe algo que você teria de abandonar para consegui-lo (crenças, atitudes, coisas, pessoas)?

3 – Qual a essência dessa meta? Existe alguma outra forma que lhe proporcione a essência daquilo que você quer?

4 – Qual é a sua motivação para consegui-lo, isto é, o que ganharia com isso?

5 – Muitas vezes, os anseios interiores ou os sussurros na sua mente estão ligados com o seu salto quântico, mesmo que aparentem não estar relacionados. Anote quaisquer anseios interiores que tenha sentido.

6 – Que passo específico, mesmo que seja bastante simples, você pode dar na próxima semana rumo à sua meta?

XVIII

Viver com um propósito mais elevado

O propósito mais elevado é um fluxo de energia ao qual você se alia quando cria algo que serve à humanidade ou à sua própria evolução espiritual. Sem um propósito mais elevado, você é um viajante que perambula por aí, tomando vários caminhos, com muitos resultados potenciais errados e muita perda de tempo. Com um propósito mais elevado, você pode escolher cada momento, sabendo o que fazer com a hora, o dia e a semana. Ele permite que você cresça e evolua rapidamente neste período da vida.

Todos na terra têm um propósito maior. Você veio à terra para fazer parte de um sistema de energia que lida com as emoções, com a personalidade e com os pensamentos, e que implica ver refletido no mundo exterior aquilo que se encontra no seu interior. Você fez isso e, assim, foi capaz de criar e de ver à sua volta quem você é. Existem outros universos nos quais as formas surgem e desaparecem mais rapidamente; quase no mesmo minuto em que são pensadas, elas aparecem e desaparecem.

Aqui as coisas se movimentam mais lentamente. O tempo literalmente fica mais lento, de modo que você pode se concentrar em determinadas coisas. Você se segmentou numa certa estrutura de tempo que vai do nascimento até a morte, e está operando com energias específicas. Estou falando da estrutura maior do Universo, pois, numa escala universal, o plano terrestre é bastante lento. A onda desta nota é bastante longa, para que você possa vivenciar a matéria. Dessa perspectiva, você quer evoluir até a freqüência mais elevada desta nota, de modo a poder prosseguir para outros lugares onde as regras mudam. Existem lugares onde você é, antes de tudo, um ser de energia pura, não limitado pelo mundo concreto de tempo, espaço e matéria.

Ali, seus pensamentos criam e se tornam a realidade. Poder-se-ia dizer que o seu mundo é um mundo de pensamentos congelados; é preciso mais tempo para criar a forma e, para alguns de vocês, até mesmo mais para abandoná-la. Como o tempo neste plano é lento, você precisa praticar a economia de energia, e essa é uma das razões pelas quais a criação do que você quer parece exigir tanto tempo.

Concentrando-se na posse de algo, você pode ir diretamente ao assunto com um propósito. Para você que é o autor, ou que está em treinamento físico, talvez ainda se passem anos até que alcance o seu objetivo, mas o fato de ter um propósito mais elevado poupa-lhe tempo. Quando falo de um propósito mais elevado estou falando em compactar o tempo, acelerando a evolução da sua alma e aumentando a sua vibração. Quanto mais você tiver um propósito, menos energia gastará e mais rapidamente poderá evoluir. Em última análise, o propósito mais elevado é a evolução espiritual.

A nova casa, o livro que você terminou de ler não são a meta do crescimento. Mas o processo pelo qual você cria essas coisas e o crescimento que ele lhe proporciona – os novos talentos que adquire, os discernimentos, a abertura do seu coração quando você ama, a nova apreciação da beleza proporcionada pelo seu jardim quando as flores desabrocham, os seus sentimentos ao terminar um projeto, a aplicação e a concentração no trabalho – tudo isso é o propósito mais elevado, tudo isso é evolução.

Crescer espiritualmente significa ampliar o seu conceito de beleza, abrir o seu coração e sentir mais amor e compaixão.

Quando falo do propósito mais elevado estou falando do propósito da alma, que é o de equilibrar todas as suas energias e harmonizar o seu ser com a nota da sua alma. Cada um de vocês tem um som de alma, uma nota; e quanto mais você puder expressá-la para o mundo exterior através da sua voz, mais poderá criar formas no mundo exterior que se igualem ao seu ser interior. Você perceberá que, ao emitir a sua nota, você começa a respirar de forma mais profunda e rítmica. Você pode começar deixando que os sons saiam da sua boca, até encontrar um som bonito e agradável. Isso o ajudará a purificar a sua aura e a aumentar a sua vibração, simplesmente emitindo notas bonitas, agradáveis. Isso harmonizará as várias partes do seu ser.

A evolução ocorre de diversas maneiras, dependendo de onde você está situado no seu caminho. Resumindo, as almas iniciam a sua evolução na terra nas energias mais densas, e depois penetram lentamente nas energias mais elevadas e sutis. Alguns de vocês fazem-no com bastante rapidez, enquanto outros levam mais tempo. Quais as coisas que retardam o crescimento? Uma é a incapacidade de abandonar a forma quando não existe essência por trás dela. Quando uma forma é criada e depois deixa de ter uma razão para existir, é chegado o momento de abandoná-la. Vocês têm visto isso em relacionamentos, quando muitos persistem em ficar apegados à casca que sobrou, mesmo que a energia vital tenha sido desligada. Outra coisa que retarda a evolução é a falta de um propósito. Se estiver olhando para o alto, pretendendo elevar-se, você o conseguirá, se esse for o seu propósito. Você pode então perguntar a si mesmo, em relação a cada situação da sua vida: ''Isto fará com que eu evolua, me eleve, ou não?'' E, caso não o faça, você poderá perguntar novamente: ''Existe alguma maneira de eu mudar essa situação ou de estar com essa pessoa de modo a poder crescer?''

Qualquer situação em que você se encontre pode ser vivida com um propósito mais elevado. Você pode sair das energias mais densas das emoções pesadas, do medo ou do sofrimento. O plano terrestre pode ser um lugar bonito a ser apreciado. A capacidade de desfrutar dos sentidos, de ouvir sons, de tocar, de sentir e de conhecer o amor pode resultar em experiências jubilosas. Vocês *podem* sair do isolamento. Vocês criam a separação e a solidão de muitas maneiras. No seu universo, vocês não possuem apenas corpos individuais, mas estão muitas vezes separados do seu ser mais profundo. Por exemplo, toda vez que você sente dúvida, pensando que não é suficientemente bom ou forte, você se separou do seu Eu superior. O objetivo da alma é juntar todas as suas partes e fundi-las com o seu Eu superior.

Você também pode falar em propósito em termos das coisas concretas que quer realizar. Eu lhe recomendaria primeiro perguntar a si mesmo: ''Qual é a essência que está por trás da forma?'' Por exemplo, se você quiser iniciar um negócio, qual é o propósito mais elevado dele, como ele serve ao planeta? Como serve a você? Se você quiser atingir uma meta financeira, você pode primeiro perguntar qual a essência desse objetivo. Como sirvo ao meu propósito mais elevado criando essa forma? Se você quiser dinheiro para lançar o seu trabalho no mundo, para criar um projeto que cure outras pessoas, ou se quiser simplesmente ser um veículo para isso (não por motivos egoísticos), o Universo lhe enviará dinheiro em abundância. Todavia, qualquer coisa que procure possuir ou à qual procure se agarrar reduzirá o ritmo do seu crescimento. O universo, com seu modo amável e gentil, procurará impedir que você tenha essa coisa. Se lhe for permitido ter coisas às quais você se agarra por muito tempo depois que elas deixaram de ser úteis para você, você estará vivendo uma energia mais densa, mais pesada, de mais conflitos.

A vida não tem de ser difícil.

Você pode criar alegria suavizando a sua energia. O que quero dizer com esse "suavizar"? Sempre que as pessoas lhe são adversas, você pode reagir facilmente com rancor e aspereza. Ou pode ficar calmo a ponto de considerá-las com profunda compaixão. Isso separa a sua energia da delas no nível da personalidade, e liga você ao seu coração.

Muitos de vocês pensam que precisam ter grande força de vontade e controle sobre a própria energia. Se estiverem vivendo com um propósito, verificarão que também estão vivendo em harmonia com a sua energia, não tendo necessidade de controlá-la. Num nível concreto, isso significa não desperdiçar tempo, mesmo mentalmente, e resistir à tentação de recordar situações do passado que não lhes trouxeram alegria. Mais uma vez, entoar e cantar a sua nota é um modo de retornar ao seu centro. Perceba que sua mente fica mais clara e livre quando você procede assim. Quanto mais entoar a sua nota, mais facilmente encontrará uma nota que esteja em harmonia com o seu ser. Isto não é algo que possa ser ensinado, mas algo que você precisa descobrir por si mesmo. É um som jovial, agradável e calmo, e você sempre se sente melhor depois de ouvi-lo.

Antes de nascer, você não decidiu *como*, mas simplesmente quais energias evoluiriam no seu interior. As coisas que acontecem, a carreira que você escolhe, as pessoas que atrai são simplesmente efeitos da sua evolução. São a criação e o produto disso. Talvez você esteja confuso, pensando que uma casa nova, ou uma nova companhia indicam que você está progredindo. De certo modo isso é verdadeiro, mas o seu progresso já aconteceu bem antes que essas coisas tenham acontecido.

Faça uma introspecção por um momento, sinta a sua energia, e permita que surja uma imagem, um símbolo, um sentimento ou uma palavra que represente o seu propósito na terra. Em que projeto o seu crescimento está concentrado neste período de vida? Quais foram os seus principais desafios? O que, em termos de forma, você tem desejado criar no seu mundo exterior?

O propósito mais elevado é sempre algo que você ama.

Durante o próximo mês, torne-se mais consciente do seu propósito. Ele é sempre jovial e alegre. O propósito mais elevado conduz às energias mais sutis da vida, como a ligação profunda com um ser amado, a união jovial de amigos ao se divertirem, a concentração e a leveza ao fazer o trabalho da sua vida. A alegria pode existir em qualquer momento, se você estiver disposto a viver com propósito.

Manifestar um propósito mais elevado significa acreditar em si mesmo e acreditar na bondade do Universo. Se você tivesse que tomar uma decisão que o assistisse ao máximo na manifestação de um propósito mais elevado, seria a de acreditar em si mesmo e confiar no Universo. Da minha perspectiva, existe tanto amor, existem tantas pessoas num raio de cinco quilômetros da sua casa às quais você poderia ligar-se de um modo afetuoso, existe tanta abundância de dinheiro na sua sociedade que qualquer propósito pelo qual você se decida pode ser levado a cabo.

Como você se sentiria se cada célula sua reconhecesse e estivesse em contato com o seu propósito mais elevado? Mantendo esse propósito no seu coração, você aperfeiçoaria o seu corpo físico, elevaria os seus pensamentos e levaria a paz às suas emoções. O método seguido pelo propósito é alcançar o seu ser interior, trazê-lo para o mundo e evoluir com a sua energia. Esta vida lhe dá a oportunidade de encontrar a luz e de viver com alegria. Seja o que for que você alcance até morrer, isso é seu. Cada novo ganho que você obtiver, cada situação de sua vida na qual você introduzir alegria, cada situação em que você encontrar sorrisos, paz e deleite, já estará pronta para o próximo período de vida, seja onde for que você esteja. Sempre que você desenvolver o seu corpo, se alimentar melhor, se exercitar mais, dançar, se divertir, concentrar-se, proporcionando alguma luz, você evoluirá também nos futuros períodos de vida. Uma parte do propósito da vida terrena é manifestar o seu Eu superior e unir-se ao seu espírito em todos os níveis. Cada um de vocês tem a capacidade de ajudar e de curar outras pessoas, e a maioria tem o desejo sincero de fazê-lo.

Acorde pela manhã, mesmo que apenas uma vez por ano, segurando o seu propósito mais elevado entre as mãos como um símbolo. Execute o processo de que falei: imagine que está segurando em suas mãos o propósito mais elevado possível que você veio criar neste período de vida. Leve-o ao seu coração. Faça a luz convergir sobre ele e solicite a orientação e assistência das forças mais elevadas. Sinta a sua energia subindo e deixe-a desprender-se para que volte a você. Você emitirá, em seguida, um apelo ao Universo, dizendo-lhe que deseja crescer. Então lhe serão concedidas muitas oportunidades para expandir-se e evoluir, e jamais algum dos seus desafios estará além dos talentos e das ferramentas que você possui para lidar com eles. A terra pode ser um lugar bastante acolhedor. Entretanto, em alguns dos níveis de energia mais grosseiros e densos, ela poderá não ser tão generosa.

Você aprende e cresce com cada coisa que cria.

Você cria a crise porque é um momento em que está próximo à sua alma, no qual penetra em si mesmo, se estende para fora, para cima e entra em contato com o seu propósito. Se você quiser viver com um propósito mais elevado, ouça a si mesmo e ligue-se à sua alma, agindo de acordo com os seus conselhos, e não precisará criar crises ou conflitos. Você não precisa nem mesmo conhecer a forma do seu propósito, mas apenas ter a intenção de criar um propósito mais elevado para trazê-lo até você. O propósito representa o movimento da alma, a energia que une o céu e a terra. Ele é representado por formas concretas – uma casa nova, um casamento, as coisas que você procura. Mas essas são apenas as cerimônias que marcam um novo crescimento da alma. Pelo fato de vocês, todos vocês, estarem crescendo tão rapidamente, necessitam criar novos desafios para poderem sentir quem vocês são. Essas podem ser oportunidades jubilosas, nos reinos superiores, ou crises e conflitos, nos reinos mais baixos.

Se você quiser viver com um propósito mais elevado, comece por torná-lo mais uma espécie de compromisso. Como você emprega o seu tempo? Para onde dirige os seus pensamentos quando está sozinho? Aprenda a manter um ponto de concentração mais elevado para gastar o tempo quando não há nada melhor a fazer, pensando no motivo de estar aqui e no que você tem a oferecer à humanidade. O propósito surge através do serviço ao superior, da ajuda aos outros e da disposição de realizar o melhor serviço que você puder oferecer, seja qual for a sua visão dele. Pense em algo que você pode fazer na próxima semana, algo específico que você sabe que faria parte do seu propósito mais elevado, quer seja ele de curto ou de longo prazo. Afirme que estará disposto a reconhecer que está vivendo com um propósito mais elevado, quando tiver feito ou criado isso. Quando o tiver concluído, você poderá criar outra coisa nova e concreta a fazer, construindo assim os degraus para sempre viver com um propósito.

Amanhã, no transcorrer do dia, diga a si mesmo que você é uma pessoa bela. Veja a beleza em si próprio. Sinta sua força interior, e reconheça o quanto você é bom. Reconheça como você é amável e sinta a luz à sua volta. Reconheça a si próprio e, ao fazê-lo, considere o seu propósito mais elevado. Você sabe o que quer fazer a seguir. Poderá até ter razões para não poder fazê-lo, velhas lembranças e padrões que parecem impedi-lo, mas você sabe o que quer. Traga-o à tona, tire-o do inconsciente, dos sussurros da sua mente, e torne-o real. Mantenha a sua visão diante de si. Se quiser ter uma vida calma e tranqüila, se quiser ser um bom pai, ter alguém na sua vida que o ame, valorize e estime, crie essa visão. Tome uma decisão e terá tudo isso.

Torne-se claro na sua intenção. Se quiser servir ao mundo e divulgar o seu trabalho, se quiser criar prosperidade ou abrir-se para uma nova criatividade e novos talentos, existe sempre uma parte sua que sabe como consegui-lo. Fale com essa parte e solicite a ela que lhe mostre os passos que deve dar. Fique atento ao seu diálogo interior e ouça as mensagens dessa parte.

Manifestar-se é uma questão de confiar e de acreditar em si mesmo, e de manter essa visão diante de si. Existem muitas razões para você deixar de acreditar e de confiar no Universo e em si mesmo, mas também existem muitas razões para continuar. Você é testado com freqüência pelo Universo para ver o quanto acredita na sua visão. Toda meta pode ser atingida, se você continua trabalhando nela.

EXERCÍCIOS

1 – Pense numa meta específica que você possui agora. Anote-a aqui.

2 – Feche os olhos e pense num símbolo da mais alta realização dessa meta, que inclua o seu propósito para você mesmo e para a humanidade. Desenhe ou descreva o seu símbolo no espaço abaixo.

3 – Tome esse símbolo em suas mãos, leve-o junto ao seu coração e pergunte-se:

A. De que forma essa meta traz mais luz para a minha vida?

B. De que forma leva mais luz à vida dos outros?

C. De que forma serve à humanidade?

4. – Que passo você poderia dar hoje ou amanhã, por menor que seja, rumo a essa meta?

XIX

Reconhecendo o propósito da vida – O que você veio fazer aqui?

Muitos de vocês encontram-se num estado de transição. Esses estados sempre criam muita energia. Quer você se sinta animado ou deprimido, certamente se sente vivo, cheio de espírito e de energia, sempre que a sua vida está mudando. Aquela parte forte sua, a parte que é capaz de se desprender e observar, que está olhando para a luz, que quer que a sua vida seja melhor, mais alegre e mais calma surge à tona nessas ocasiões.

O que você tem a fazer para estar aqui? Reconhecer o propósito da sua vida dá-lhe oportunidade para manifestar o seu destino. Não entenda errado; você é um ser livre. Você não estabeleceu um roteiro, antes de nascer, que *tem de* seguir. Você criou uma certa base, escolheu os seus pais e optou por nascer numa certa parte do mundo. Armou as circunstâncias da sua vida de modo a ficar apontado como um projétil numa certa direção. Uma vez estando aqui, sua vida é absolutamente espontânea e se decide de momento a momento. Não existe um limite predeterminado para a altura que você pode atingir. Não existem limites!

Você vive num mundo sem limites; você pode se expandir além de qualquer coisa que conhece.

Para avaliar o seu propósito de vida, analise o modo de pensar das pessoas em geral. Muitos de vocês cresceram com uma pressão bastante grande para fazer, para realizar, para ser, para se tornarem conhecidos e para se sentirem valiosos de um modo ou de outro. Ao considerar o propósito da vida, pergunte à sua alma e ao seu ser: ''Estou fazendo isso para mim, para o meu bem superior, ou para agradar aos outros, para viver segundo a imagem que têm de mim? Estou cumprindo este propósito para receber um tapinha nas costas, ou para obter reconhecimento? Ou estou fazendo isso por ser algo que desejo fazer, que se adapta a mim e que me traz alegria?''

Vejo, na sua cultura, muitos programas e crenças sobre o modo como se pode ser uma pessoa boa e valiosa – ganhando muito dinheiro, sendo bastante conhecido ou sendo muito piedoso. Todas essas coisas podem ser boas se forem feitas do fundo da alma. Mas podem tirá-lo do caminho se forem feitas apenas para satisfazer uma imagem que vem do ego ou da personalidade. Olhe para si agora mesmo e pergunte-se o que faria da sua vida se a sociedade não tivesse imagens que você alimenta e admira como boas ou corretas. Na sua cultura houve uma ênfase maior na produtividade exterior do que na paz interior, na alegria, no amor e na compaixão. Existe um senso de *tempo* que permeia todas as coisas – realizar isto ou aquilo até tal ou tal idade ou ser um fracasso. Existe um senso de pressão de que tudo deve ser feito depressa. Eu diria que lhes foi dado todo o tempo de que necessitam, caso realizem suas ações com base no propósito da vida.

Você pode relaxar e saber que, à medida que você vive cada dia, dispõe do tempo para cumprir o seu propósito. Se você sentir que não está cumprindo o seu propósito, que não tem tempo suficiente, eu diria que o que você está fazendo provavelmente não é o seu propósito. Ao criar o seu propósito de vida, você terá o tempo suficiente, pois criará esse tempo. Você o considerará tão pleno de alegria que todo o resto desaparecerá, e sua determinação, o seu foco de interesse e sua concentração *estarão* ali. Se você estiver forçando-se a fazer algo por dever ou obrigação, por sentir que as pessoas o admirarão ou respeitarão ao fazê-lo, é provável que não esteja reverenciando a luz da sua alma.

Cada um de vocês tem um propósito diferente, e não pode julgar os outros pelo que os vê fazer. Cada um de vocês se dispôs a aprender certas coisas neste período de vida, para crescer de todas as formas possíveis. Muitos dos bloqueios à manifestação do propósito de vida provêm das formas de pensamento culturais das massas, da falta de treinamento e das outras pessoas, principalmente das que estão perto de vocês. Num relacionamento pessoal íntimo, as pessoas tendem a assumir as metas e formas de pensamento do outro. Ao considerar o seu propósito de vida, olhe quem está perto em sua vida e pergunte-se se tem manifestado o que essas pessoas querem para você. Será que você sabe claramente o que deseja para si próprio? As pessoas que o amam muito podem ser, freqüentemente, as que mais o amarram. Não pela sua negatividade, mas pelo seu amor, por desejarem que esteja ali para elas, para viver segundo as suas imagens e os seus papéis.

Ao considerar o seu propósito de vida, pergunte-se o que faria se estivesse sozinho. Se não tivesse ninguém na sua vida que ganhasse com o que você faz, ou que perdesse com isso, você mudaria sua escolha? O que *você* faria para si mesmo? O que lhe traria paz e alegria? Como as coisas seriam se a sociedade não existisse, ou se tivesse valores absolutamente diferentes – você ainda gostaria do que está fazendo? Há cem anos, os valores neste país eram diferentes. As pessoas eram admiradas por muitas coisas que não têm mais valor. As crenças da sociedade são como um fluido mutável e, se você basear o seu propósito de vida no que vê à sua volta, ele será como um fluido e será algo mutável que poderá não refletir a sua alma.

Imagine que você é uma rocha num rio e imagine a correnteza ao seu redor. Agora, muitos de vocês deixam que a correnteza os leve numa direção ou noutra. Você permanece centralizado e equilibrado enquanto a correnteza passa por você ou deixa que qualquer correnteza o arraste?

Imagine que você tem uma antena na sua mente e que pode ajustá-la agora mesmo, de modo a apontar para cima, para os ideais mais elevados que se ajustam a você. O que você valoriza em si próprio? Como quer se sentir? Pare por um momento e pergunte-se: que sentimentos eu quero ter? Como quero que o meu universo seja neste momento? Num nível emocional, traga esses sentimentos para você, como se neste exato momento você tivesse o seu universo perfeito. Mantenha a sua antena ajustada para cima, para os níveis mais elevados do Universo, e você será firme como uma rocha, enquanto todas as correntezas passam ao seu lado.

Não ter o que você quer é apenas uma ilusão.

Se você acredita no que vê, então está acreditando nas criações do passado. Tudo o que você tem neste momento você criou do passado. Tudo o que você tiver a partir de agora pode ser criado neste momento, e de modo diferente. Você não precisa saber especificamente o que fará amanhã ou depois de amanhã. Você pode começar por *acreditar* que tem um propósito, um propósito concreto, e pode começar a pedir-lhe que se desdobre diante de você. Se começar acreditando e agindo como se soubesse o que fazer com a sua vida, você o conseguirá. Levante-se amanhã e decida que você será o capitão do seu navio, e que por um dia comandará esse navio do modo como deseja. Você terá o tempo de que necessita, estará com as pessoas com quem quer estar, dirá "não" quando quiser dizer "não" e "sim" quando quiser dizer "sim". Conferirá, de hora em hora, se está sentindo alegria ou paz, ou seja o que for que determinou que desejará sentir.

Alguns afirmam que o seu propósito de vida é servir e ajudar os outros. Esse pode ser um propósito de vida bastante bom e real se o eu estiver centralizado, e se você prestar atenção ao funcionamento da sua própria vida. Se você cuidar de *si próprio* e estiver num ambiente que aumente o seu senso de paz, de serenidade, de beleza e de harmonia, você estará mais em condições de ajudar os outros do que se pretender deixá-los felizes, e não a si próprio. Se cada pessoa agisse a partir de um ponto de harmonia e beleza, do Eu superior, vocês teriam uma sociedade inteiramente diferente. Olhe agora mesmo para todas as suas opções e escolhas. Decida que criará, a partir de hoje, o mundo que deseja. Interiorize-se e encontre esse ponto de força, essa parte sua que sempre foi capaz de criar as coisas que você queria, e sinta que ela se torna mais forte. A maior dádiva que você pode proporcionar a outra pessoa é fazer a sua própria vida funcionar.

A mudança e a transição na vida são, muitas vezes, precedidas de confusão, de um sentimento de perda ou sofrimento, ou de uma sensação de que as coisas estão desmoronando. Isso se deve ao fato de haver pouco treinamento, na sua sociedade, no que se refere a abandonar e desprender-se de formas que não são mais apropriadas. Existe um pensamento geral de escassez, o que torna ainda mais difícil desprender-se, por pensar que não haverá nada melhor para substituir o que você está perdendo. Se você se concentrar no que deseja, se reconhecer que o que tem é uma criação do passado que pode ser *facilmente* mudada, o seu futuro poderá seguir qualquer caminho que você escolher.

Preencha os seus pensamentos com aquilo que você quer criar, e você o terá.

Há, muitas vezes, um lapso de tempo entre o novo pensamento e a sua consecução, confundindo e impedindo muitas pessoas de continuarem pensando no novo. Os pensamentos são reais e se irradiam para criar aquilo que foi pensado, e existem no tempo. Assim, os pensamentos passados ainda poderão afetá-lo por algum tempo, mesmo quando você muda o seu modo de pensar. Entretanto, dentro de dois ou três meses, os novos pensamentos terão adquirido força viva e terão criado novas formas exteriores que corresponderão a eles.

Respeite a si mesmo como uma pessoa única. Quando está com outras pessoas, não compare o seu caminho com o delas. Com freqüência você compara o que os outros estão fazendo com a vida deles com o que você está fazendo com a sua, e se sente melhor ou pior que eles. Em vez disso, faça uma introspecção e olhe para o seu caminho mais elevado, para o que ele é, e compare a sua vida com isso. Você lê fatos nos jornais sobre o que aconteceu com outras pessoas, e talvez pense: ''Isso poderá acontecer comigo.'' Você não tem os pensamentos dessas pessoas, você não é elas. Seja o que for que aconteça com os outros, isso acontece porque eles são quem são. Ao ouvir relatos sobre outras pessoas, não os leve para o seu âmbito nem os interiorize, mas pergunte-se: "Como posso ser sincero comigo mesmo?" "Qual é a *minha* verdade?" Cada pessoa tem um caminho diferente e é uma expressão única da força vital.

O propósito da vida é qualquer caminho que você escolher, pois tudo é livre-arbítrio.

Você estabeleceu certas condições para querer certas coisas. Você pode ter o que quer se estiver disposto a manter a sua visão e a acreditar em si mesmo consistentemente. Quanto mais consistentemente você acreditar em si mesmo, melhores serão os resultados. Seria fácil se não houvesse reveses (como vocês os interpretam) nem provas ao longo do caminho. Respeite cada simples revés, cada simples desafio ou dificuldade, pois eles fortalecem o seu propósito. Eles lhe proporcionam a oportunidade de estar ainda mais comprometido com a sua visão, e até mesmo de ser mais claro na sua intenção. Se a vida fosse fácil ou simples demais, a maioria de vocês se queixaria de tédio. Respeite os seus desafios, pois os aspectos que você considera obscuros estão efetivamente ali para trazer-lhe mais luz, para revigorá-lo, para consolidar a sua determinação e para exteriorizar o que há de melhor em você.

RECONHECENDO O PROPÓSITO DA VIDA – O QUE VOCÊ VEIO FAZER AQUI?

EXERCÍCIOS

1 – Feche os olhos e deixe que surja na sua mente uma imagem, um símbolo ou figura que represente o seu propósito aqui na terra.

2 – Leve esse símbolo ao seu coração. Solicite às forças superiores do Universo que inspirem mais luz e vida a esse símbolo. Desenhe o símbolo aqui.

3 – Imagine o seu símbolo mudando de cor, de textura e de tamanho, e deixe que ele lhe fale, com a sua sabedoria, e lhe mostre como ele pode ser liberado para ajudar a servir a humanidade.

CRIANDO DINHEIRO E PROSPERIDADE

Sanaya Roman e *Duane Packer, Ph.D.*

Este livro ensina passo a passo como criar dinheiro e prosperidade e foi revelado aos autores por seus guias espirituais, Orin e DaBen, através de um processo de canalização. Usando os processos simples contidos em *Criando Dinheiro e Prosperidade*, qualquer pessoa poderá manifestar prosperidade e criar a missão da sua vida. Além disso, obterá resultados imediatos quando aprender a:

- seguir as leis espirituais do dinheiro e da abundância;
- desenvolver um pensamento livre de limitações;
- ouvir seu guia interior;
- usar técnicas avançadas de manifestação;
- criar a missão da sua vida;
- transformar suas crenças;
- magnetizar e atrair para si aquilo que deseja.

A abundância ou prosperidade é o estado natural do ser humano. À medida que for usando as orientações e informações deste livro, o leitor irá aprendendo a fazer com que o dinheiro flua facilmente e, além do mais, fazendo aquilo que gosta de fazer.

Criando Dinheiro e Prosperidade contém técnicas simples, afirmações positivas e exercícios originais para criar mudanças rápidas no seu nível de prosperidade. Trabalhando com energia para concretizar seus desejos, o leitor também aprenderá a fortalecer sua ligação com a infinita riqueza que existe no Universo e que está à sua disposição.

* * *

Livros de Sanaya Roman da série *A Vida na Terra*:

— *Vivendo com Alegria - Chaves para a Conquista do Poder Pessoal e da Transformação Espiritual.*

— *O Poder Pessoal Através da Consciência.*

— *Crescimento Espiritual - O Despertar do seu Eu Superior.*

EDITORA PENSAMENTO

CRESCIMENTO ESPIRITUAL
O Despertar do seu Eu Superior

Sanaya Roman

Os processos de fácil aprendizagem ensinados por Orin, um sábio e bondoso mestre espiritual, e transcritos neste volume, ajudaram milhares de pessoas a dar um salto quântico, a acelerar seu crescimento espiritual e a viver com mais alegria, harmonia, paz e amor.

Crescimento Espiritual ensina-lhe a vivenciar o seu Eu Superior na sua vida cotidiana, assim como a criar uma visão do seu objetivo maior e a manifestar com facilidade e rapidez aquilo que você quer. Você vai aprender a trabalhar com a luz para curar e crescer, vai aprender a ligar-se com a Mente Universal para aumentar sua criatividade e realizar a meta da sua vida.

Crescimento Espiritual proporciona-lhe os recursos necessários para erguer os véus da ilusão, expandir e condensar o tempo, aumentar o ritmo de suas vibrações, alcançar estados elevados de consciência, abrir o coração e conhecer-se de maneiras novas e mais amorosas.

Ensina-lhe, ainda, como ter relacionamentos mais satisfatórios através da sua capacidade de desapego, do uso correto da vontade, da transparência em relação às energias dos outros, aprendendo a tornar-se uma fonte de luz e a crescer servindo ao mundo.

Este livro ensina a dar o próximo passo no caminho do crescimento espiritual a todos os que querem saber mais a respeito de quem são, do motivo pelo qual estão aqui e do que vieram fazer neste planeta. Você pode sintonizar com as energias superiores que estão sendo canalizadas para o plano da Terra — afirma Sanaya Roman — e usá-las para criar a melhor vida que puder imaginar para si.

* * *

Livros de Sanaya Roman da série *A Vida na Terra*:

— *Vivendo com Alegria - Chaves para a Conquista do Poder Pessoal e da Transformação Espiritual.*

— *O Poder Pessoal Através da Consciência.*

— *Crescimento Espiritual - O Despertar do seu Eu Superior.*

EDITORA PENSAMENTO

A ALEGRIA DE SER VOCÊ MESMO

Darío Lostado

A Alegria de Ser Você Mesmo é um livro inspirador que, no seu estilo despretensioso e ao mesmo tempo direto, ensina estratégias simples e eficazes de entrar em contato com a alegria interior que transforma e cura as nossas vidas.

Em seus livros, que vêm conquistando um número cada vez maior de leitores onde quer que sejam publicados, Darío Lostado não se prende a um único tema. Sob um título geral, que dá o tom do volume, são focalizados os mais diversos assuntos sempre do interesse do leitor às voltas com os problemas que a vida moderna criou paralelamente a um avanço tecnológico cada vez mais impressionante.

Teoricamente, esse avanço deveria libertar o homem de tarefas corriqueiras que a máquina realiza mais depressa e melhor, proporcionando-lhe mais tempo para o seu aperfeiçoamento interior, assim como para o estreitamento das relações das pessoas entre si. Mas não é isso o que acontece; quanto mais o homem progride em termos materiais, mais longe ele vai ficando das pessoas, mesmo das que lhe estão mais próximas.

Daí a necessidade de abordar temas como os seguintes: amor próprio *versus* egoísmo; a pior ignorância; somos livres?; nível de felicidade *per capita*; viver a realidade; é preciso uma ideologia?; educar educando-se; o urgente e o importante; as modernas escravidões — e muitos outros cuja leitura são verdadeiras lições da arte de bem viver.

* * *

Livros de Darío Lostado publicados pela Editora Pensamento:
Viver Como Pessoa
Somos Amor
Antes de Tudo Amar
Rumo à Verdade de Você Mesmo
Mas a Minha Voz me Diz...

EDITORA PENSAMENTO

VIVA UMA VIDA DE PROSPERIDADE

Kenneth Thurston Hurst

Eis aqui alguns métodos práticos e fáceis de compreender que você poderá adotar de imediato para solucionar os problemas diários e extrair o máximo da vida. Aprenda como desbloquear o seu verdadeiro EU, aprenda como realizar o melhor numa existência palpitante de energia.

Conceitos práticos que facilmente podem ser incorporados à vida do leitor são agrupados em temas como os que enumeramos a seguir:

- Cinco instruções para aprimorar sua consciência da prosperidade;
- Dez maneiras para ter um grande dia;
- Como se livrar do medo e da angústia;
- Como se programar para o sucesso;
- Melhore sua saúde e seu bem-estar;
- A Lei da Atração — como fazê-la trabalhar em seu favor;
- Como conseguir um emprego melhor e progredir nele mais rapidamente;
- Aproveite mais a vida e dê o melhor de si;
- Aprenda a conviver melhor com os outros.

* * *

Kenneth Thurston Hurst aposentou-se recentemente como presidente da grande casa editora Prentice-Hall. No momento, divide o seu tempo entre outros cursos de editoração e pesquisas, palestras e a redação de artigos sobre temas espirituais. Neste livro, ele revela as técnicas que o transformaram num executivo bem-sucedido.

"A singularidade do livro provém da clareza concisa dos temas tratados e da magnífica demonstração de como o próprio autor aplica esses princípios na sua vida. Trata-se de obra excelente em sua espécie e quem quer que faça o devido esforço poderá de fato iluminar sua vida pondo em prática os princípios simples que ele prescreve. *Altamente recomendável!*"

Charles C. Wise, Jr., *Spiritual Frontier Journal*

"Kenneth Thurston Hurst é uma dessas pessoas raras que combinam espiritualidade e negócios em sua vida de forma tal que ambos ficam enriquecidos pelas suas contribuições à arte de escrever, de viver e de ensinar. Ele mostra como aplicar princípios espirituais no mundo de hoje."

Elizabeth Wall Fenske, presidente da Spiritual Frontiers Fellowship.

EDITORA PENSAMENTO

SEM MEDO DE ABRIR O CORAÇÃO

Eddie e *Debbie Shapiro*

"Todos nós precisamos sair da nossa mente pelo menos uma vez por dia."

Alan Watts

Sem Medo de Abrir o Coração é um livro extraordinariamente brilhante que aborda assuntos que muitos autores não ousam sequer mencionar. Indagações como, "Até que ponto a mente pode causar confusão?", "Qual é o papel do ego na nossa evolução?" e "Por que buscamos respostas fora de nós mesmos através da religião, de gurus, da Nova Era ou de terapias?" são abordadas com profunda sabedoria.

A leitura deste livro nos dará confiança para encontrar as respostas dentro de nós mesmos. Basta que a nossa mente intelectual deixe de governar, absoluta, as nossas ações e sentimentos e possamos ouvir aquilo que diz o nosso coração. Quando nos livramos das armadilhas da mente começamos a conhecer a verdadeira liberdade.

Eddie e Debbie Shapiro são mestres em despertar o coração depois de anos de condicionamento social, de premissas e hábitos mentais ultrapassados, que embotam nossa capacidade de ser pessoas autênticas e felizes.

Leia este livro e aprenda a ouvir a voz e a sabedoria do seu coração.

EDITORA CULTRIX

SUPERANDO TODOS OS SEUS MEDOS

Bruce Larson

Recorrendo à afirmação bíblica de que "o verdadeiro amor expulsa o medo", Bruce Larson ensina o leitor a identificar as causas do medo para depois enfrentá-lo e derrotá-lo.

Com exemplos tirados das Escrituras e uma argumentação ao mesmo tempo convincente e absolutamente original, o autor discorre primeiro sobre os principais tipos de medo:

o medo de errar;
o medo do sucesso;
o medo do sobrenatural;
o medo de perder as oportunidades;
o medo da morte;
o medo do medo e
o medo do desconhecido.

A seguir, com a mesma habilidade com que discorreu na primeira parte do livro, ensina, na segunda parte, como superar com sucesso as principais situações geradoras de medo, propondo modos práticos para enfrentar a dor, a doença, os problemas financeiros, a desesperança, o imprevisível, a rejeição, o passado e o futuro.

Segundo o autor, o medo, que é o oposto da fé, é o cabo com o qual nos agarramos a Deus. Quando nos dispusermos a parar de correr e a encarar o medo de frente e com fé, encontraremos Deus, cuja presença e poder nos levará além dos nossos medos — passados, presentes e futuros.

EDITORA CULTRIX

VIVER COMO PESSOA
O verdadeiro sentido da vida

Darío Lostado

Darío Lostado é um dos grandes fenômenos atuais na arte da comunicação. Suas mensagens, quer nas palestras que faz por toda a parte, quer na série de livros que vem escrevendo e que estão sendo traduzidos em várias línguas, encontram eco em todos os que, numa atitude receptiva, se identificam com o modo como o autor desenvolve temas de grande profundidade num estilo caracterizado, ao mesmo tempo, por sua clareza e simplicidade. *Viver Como Pessoa* é o primeiro da série de seus livros que a Editora Pensamento começa a divulgar no Brasil.

Segundo o autor, na escola da vida, uma das disciplinas mais importantes é a de aprender a ser pessoa em todos os momentos e em todas as circunstâncias. A vida prática de cada dia se encarrega de nos submeter a um exame diário nessa matéria, aparentemente fácil, mas que exige todo o empenho de quantos realmente pretendem ser alguém. É dessa "aprovação" que depende o bom andamento de nossas vidas e, conseqüentemente, do mundo em que vivemos.

Abordando esses temas, Darío Lostado discorre sobre o sentido da vida propondo pontos de reflexão para que o leitor tire suas próprias conclusões e descubra na prática o que significa *viver como pessoa*.

* * *

Livros de Darío Lostado publicados pela Editora Pensamento:

A Alegria de Ser Você Mesmo
Somos Amor
Antes de Tudo Amar
Rumo à Verdade de Você Mesmo
Mas a Minha Voz me Diz...

EDITORA PENSAMENTO